15人大家族
うるしやま家のママ流

笑顔がたえない 36の家訓

漆山佳月
Kazuki Urushiyama

KADOKAWA

はじめに

この本を手に取ってくださって、本当にありがとうございます。

わたしたち家族に関心を持ってくださったこと、とてもうれしく思っています。


もしかしたら、YouTubeの「漆ちゃんfamily」でご存じの方もいらっしゃるかもしれません（いつも見てくださって、ありがとうございます！）。

フジテレビの「密着15人大家族　うるしやま家」でわたしたちのことを知ってくださっている方もいるかもしれません。


ここで、わたしたち家族のことを少し紹介させてください。

わたしと夫は美容師で、2人でお店を持っています。

子どもは、**六男七女の13人**。一番上の長男と七女の末っ子は22歳差です。

長男は、美容師として今は一緒に働いていて、最近、長くお付き合いをしていた彼女と結婚しました。一番下の七女は、長男・長女の時からお世話になっている同じ保

育園に通っています。

どんな家族と聞かれれば……、**とにかくみんな明るくてにぎやか、男の子チームも女の子チームも本当に仲良し**です。

わたしは鹿児島県出身、高校を出て18歳で上京し、美容室で働きながら通信で美容学校を卒業し、国家資格を取りました。

東京・吉祥寺にあった同じお店で働いていた6歳上の夫と結婚したのが20歳の時、長男を出産したのは21歳でした。

夫婦ともに実家が遠いために両親の助けを借りることができず、夫婦2人で右も左もわからない状態での子育てスタート。

「週休2日」とか「働き方改革」なんていう言葉がなかった時代、ひたすら働きながらただただ必死で子どもを育てました。

1人、2人、3人と子どもが増える中、**たいへんさは増すものの、子どもの愛おしさと楽しさがさらに上回り、今では13人**という感じです。

早朝から子どもたちのお弁当と朝食作り、掃除と洗濯をして子どもたちを送り出し、お店に出勤して仕事をし、家に帰ったら子どもたちの持って帰ってきたものを洗濯し、習いごとの送迎、その後、夕食の支度をしてみんなで食事、子どもたちがお風呂に入ったらまた洗濯。

明日の学校の用意を点検してみんなが寝たのを確認して洗濯物を畳み、自分もお風呂に入って寝る……と思ったらもう朝が近い……みたいな毎日です。

皆さんによく「たいへんですね」と言っていただきますし、確かに忙しくはあるのですが、1人で15人分の家事をしているわけではないんです。

子どもが多い分やることは多いですが、手伝ってくれる手もたくさんあります。**家族の暮らしは、家族全員で支えるもの。**ウチには「してあげる人」と「してもらう人」という区分けはありません。

全員が「してあげる人」で、全員が「してもらう人」。この環境にしたのはわたしたちですが、子どもたちは快くお手伝いをして助けてくれる……なので、**たいへんなのはわたしだけじゃない**と思えます。

そして、子どもは本当にかわいい！　楽しい！

親としての責任はありますし、正直言って悲しいこと・つらい時期もたくさんありました。

インスタに、「13人いてもちゃんとやっていてすごいですね。わたしは1人しかいないのに……」というメッセージをいただくことがありますが、そんなことはありません！

「1人しか」ではなく、「1人も！」です。

子どもは1人でも13人でも、親の心配や不安やたいへんさは変わらないと思っています。わたしは、13人いる今よりも、初めての子が生まれた時の方がよっぽどたいへんだった気がします。

それは、親として少しずつ成長したことで、子育てを楽しめるようになってきたからかなと思います。**「子育ては親育て」**なのだと日々感じます。

そんな今だからこそ、わが家のあれこれを読んでいただくことで、「家族っておもしろい」「子育てって楽しそう」と思ってもらえたらなという気持ちでこの本を書きました。

ぜひ楽しんで読んでいただけたらうれしいです！

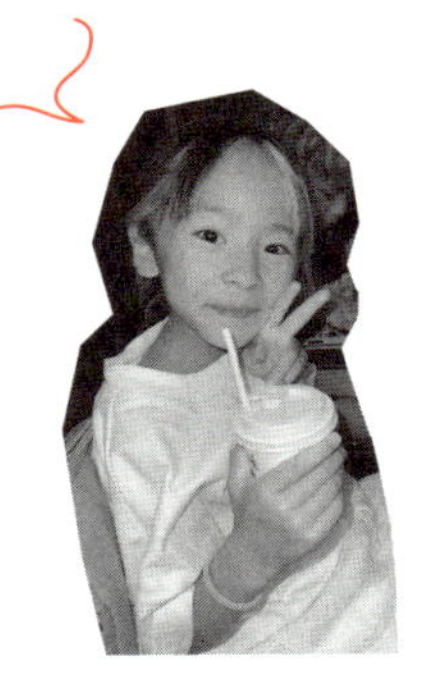
Let's go

目次

Contents

第1章

これだけは譲れない！走りながら見つけた子育ての掟

第2章

助け合いが基本！みんなが守るきょうだいの約束ごと

第3章

これってノウハウ!? 幸せになる大家族マネジメント

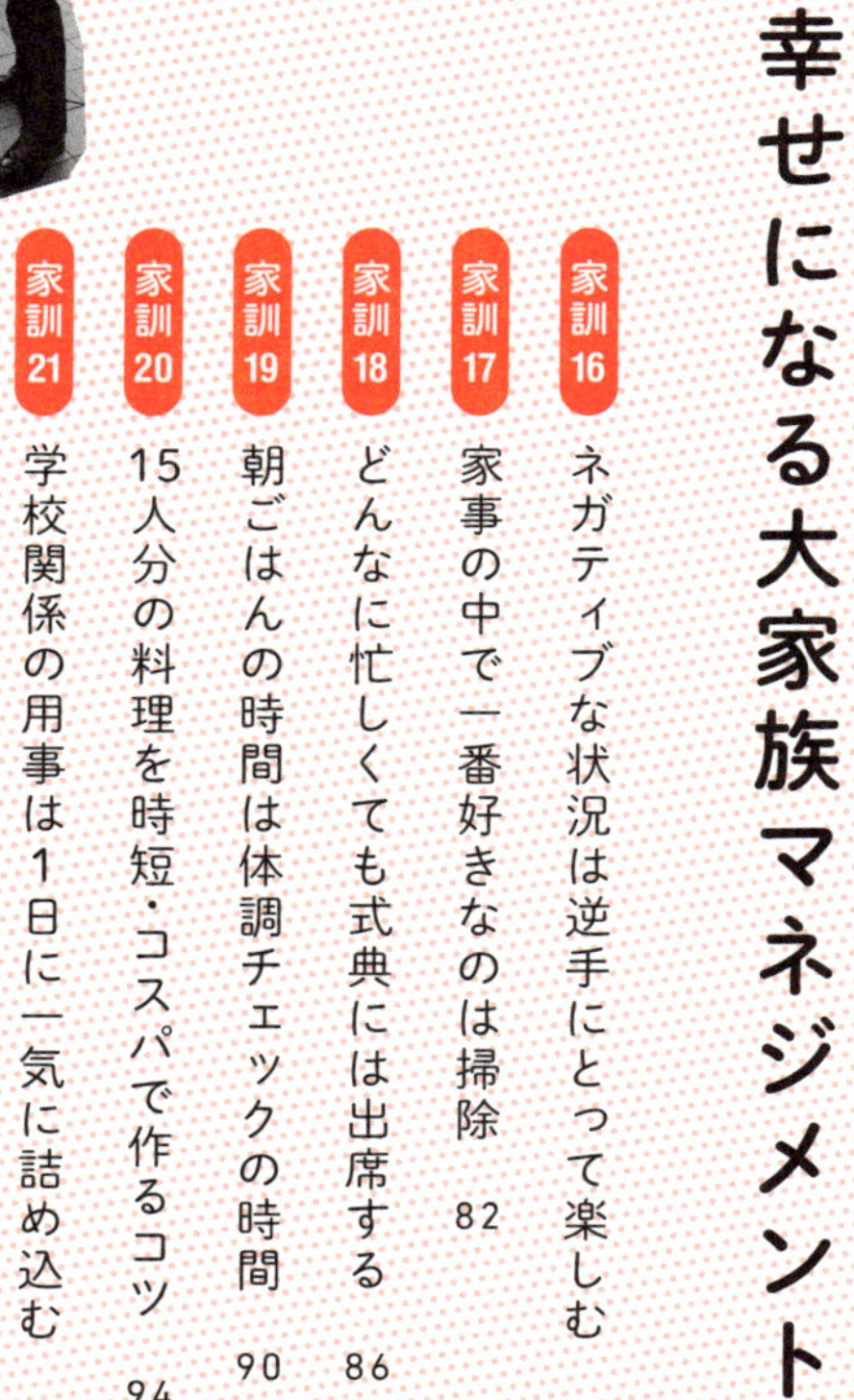

第4章

子育ては親育て！ 親になった喜びはこんなにある

第5章

親だって1人の人間！ 自分のことも大事にする

第1章

これだけは譲れない！
走りながら見つけた
子育ての掟

1

毎日必ず13人全員と会話する

「子どもが13人もいると、ひとりひとりに目が届かなくてたいへんでしょう」と言われることがあります。

1日の中で子どもたちと顔を合わせない日はないし、毎日、何かしらで子どもたち全員とコミュニケーションを取ってます。LINEしたりしゃべったりは、必ずするようにしています。これがわが家の日常です。

ウチはグループLINEがいっぱいあって、家族全員、高校生グループ、上の女子グループ、下の女子グループとか、常にメッセージが飛び交ってます。

長男の葵（あおい）と長女の海音（かのん）は家を出ていますが、LINEは毎日しています。何かあると、深夜でも電話がかかってくることがあるくらい！

朝早く家を出て学校に行く子や、習いごとで夜遅く帰ってくる子もいますが、必ず全員と顔を合わせますし、**タイミングを見て声をかけたり、LINEでメッセージを送ったり。それぞれに部屋はありますが、リビングにはいつもみんなが集まります。**

めったにないですが、**いつもと様子が違ったり、疲れてそうな時は、そっとしてお**

きます。性格によっては、「どうしたの？」「何かあった？」と聞いた方がいい子もいるけれど、だいたいは時間をおいて子どもの方から言ってくるので、その子が話してくれた時に聞こうって思ってます。

ちょっと不思議に思われるかもしれないけど、わたしがお風呂に入ってると平気で子どもたちが入ってきますし、「ママ、お風呂一緒に入ろう」と子どもたちにはよく言われます。

独立している長女も、帰ってきては必ず言います。もちろん、お風呂は子どもたち同士でも入ってます。長男の葵(あおい)なんて、家に帰ってきた時にお風呂に入ってたら、中学生の妹が普通に入ってきて、「マジ、びっくりしたんだけど」って。

自分たちはまったく意識していませんが、よく**周りには「家族やきょうだい間の距離が近いね」と言われます**。子どもとは、恋愛の話もよくします。わたしから聞かなくても、子どもたちが全部言ってくる！

大きい子たちは彼氏や彼女を家に連れてくるし、わたしたちも会ってるし。なんか、そういうのが昔から自然になっています。

「どう思う?」って意見を求められたら、思っていることをはっきり言います。

子どものことをすべて知ろうと思ってもムリですし、すべて知りたいとも思わない。

それは、子どもが何人いても同じです。

必要なことなら言ってくれるし、言わないってことは自分で解決できるってことだと思ってます。

親としてできることは、

「いつもみんなのことを見ているし、何かあったら必ず聞くよ」

っていう気持ちでいることです。そういつも伝えています。

でも、何でも話してくれるってことは、わたしがあんまり「親」って感じじゃないのかもしれません。

それもウチらしくていいのかなぁ〜。

2

「経験」は財産。めいっぱい授けてあげたい

子どもたちは、みんな習いごとをやっています。

それも全部、**子どもが自分から「やりたい！」と言い出したものばかり**。

わたしは基本的に、子どもが「やりたい」と言ったものは、何でもやらせてあげたいと思っています。

「これ、やってみたいんだけど」と相談されたら、「ママはこう思うよ」と一応意見は言うけれど、「やめた方がいいんじゃない？」とか「こっちの方が向いてるよ」とは言いません。

もちろん、ものすごいお金がかかることだったら別ですが、そうでない限りは、「いいじゃん！」と背中を押すようにしています。

もちろん**長く続けられるなら続けた方がいいし、続けることで見えてくる景色もある**と思っています。

うまくなることも、技術を身につけることも大切！　でもそれ以上に、

・**楽しさや喜び、続けることでの学び**。
・**自分で「やりたい」と思ったこと**。
・**それをやってみたこと**。
・**達成感がある**。

それ自体が大切なことだから。親以外の方に指導していただいて、そこで学ぶ環境や礼儀、知識はすごく大事だと思っています。

それに、**チャレンジしたことで、その子の意外な一面が見られることもあります**。

「この子はこんなことできるんだ！」

「こんなに一生懸命になれるんだ！」

という、うれしい発見や、普段見られない一面をたくさん見せてもらえます。

ただ、習いごとを始めると、送迎や場合によっては当番もあり、土日祝日が仕事なのですごく悩みました。

わたしたちの仕事はカレンダー通りの休みではないし、美容室の予約が入っているので急なお迎えにも対応ができない……。

長男は小学生から野球をやっていて、当番もありました。

三男と四男は小学校の時に週に6日サッカーをやっていて、試合でグラウンド移動があったり、試合や練習の終了時刻がよくずれたりしていました。

みんなは親が迎えに来て次のグラウンドまで送っていくのですが、ウチは「今から来て」って言われても行けなくて。

ようやく仕事に区切りをつけて、車で迎えに行ったのは5時間後。四男は、誰もい

36 family precepts that
will keep you smiling

なくなったグラウンドで、たった1人で待っていました。

車に乗った瞬間、声を押し殺して泣いていましたが、わたしを責めることも、サッカーをやめたいとも言いませんでした。

でも、コーチをはじめ保護者の方や選手に助けられたこともたくさんあり、そのご縁ややさしさに今でも感謝の思いでいっぱいです。

子どもがやりたいことはやらせてあげたい。

その一方で、親がしなくちゃいけないことが、仕事上すぐに対応できない。心が痛みました。でも、**子どもたちは親の仕事をずっと見ているので、幼いながらいろんなことを感じ、理解してくれていた**んだと思っています。

自分たちが小さいころに経験してきたからこそ、上の子たちが大きくなった今では、わたしたちが送迎に行けないと、お兄ちゃんやお姉ちゃんが送迎をしてくれたり、応援に行ったりしてくれてすごく助かっています。

好きで始めた習いごとでも、楽しいことだけではなく、つらいこともあると思います。**それは仕事でも同じで、そういう経験は、のちのち力になるはずです。**

親は、ずっと子どものそばにはいられません。経験は、親が子どもにあげられる、大きな「財産」だと思っています。

「叱らなくて済む仕組み」を作り上げる

上の子がまだ小さかったころ、あまりに言うことを聞かなかったので、

「じゃあ、もうママをやめさせていただきます。お世話になりました！」

って言って、かくれたことがあります。

子どもたちはすごく泣いて、探していましたが、そんな強硬手段に出たのはその時くらい。

同じことを何度も何度も注意したり、それによって自分がイライラしたくないと常に思っています。

このあいだも上の子たちに、

「ママに、強く怒られたり叩（たた）かれたりしたことある？」

って聞いたら、

「うーん、ないね」

と言ってました。

わたし自身も、強く怒ったり叱ったりした記憶はほとんどないです。

自分でやるべきこと、たとえば、**靴を脱いだらそろえる**、**洗濯物は洗濯機に入れる**、

連絡帳を出す、次の日の準備をする、とかは、1人目の時からチェック表を作ってました。

毎日やることを1カ月分の表にして置いておいて、学校から帰宅したら自分でチェックする。

そうすれば、何をやって何をやっていないかが明確になるので、わたしが「やりなさい！」と言う必要がないんです。

やるのを忘れていて、夜になって「あーっ！　やんなきゃ！」と言っても、夜にわたしが子どもたちのやりっぱなしを片づけたら自然に終わりで、表に×をつけます。

やりっぱなしを見つけたら、わたしは無言で片づけます。

それをひと月ごとに集計して、毎月やお祭りの時のお小遣いを決めていました。

そうすると、自分のやるべきことをちゃんとやった妹たちの方が、お兄ちゃんよりお小遣いが多い時もありました。

日々の生活で**「○○をやりなさい！」と強く言ってやらせるよりも、「習慣」にしてしまった方がいいと思う**んです。

36 family precepts that will keep you smiling

そうすれば、「やるのが当たり前」になるし、「やらないと気持ち悪い」って感じになるのかなぁ〜って。

チェック表のおかげで、「自分のやるべきことは自分で」というのが自然に身についたような気がします。


今では、学校から帰ってきたらランドセルを棚に置いて、洗濯物や洗い物、手紙を出してくれます。中・高生の大きい組の子どもたちも洗濯物や洗い物を出して、弁当箱やお箸を洗ってから、自分の部屋に行きます。それが帰宅してからの一連の流れになっています。


自分のやるべきことをやっていない時は、上のお兄ちゃんやお姉ちゃんも、

「〇〇やった？　やりなさい！」

と言ってくれるので、今ではわたしより厳しいかもしれません。

家の中の約束ごとや規範が、いい意味で受け継がれているのかなと思ったりしています。

4

「すごいじゃん！」「天才じゃん！」ばっかり言っている

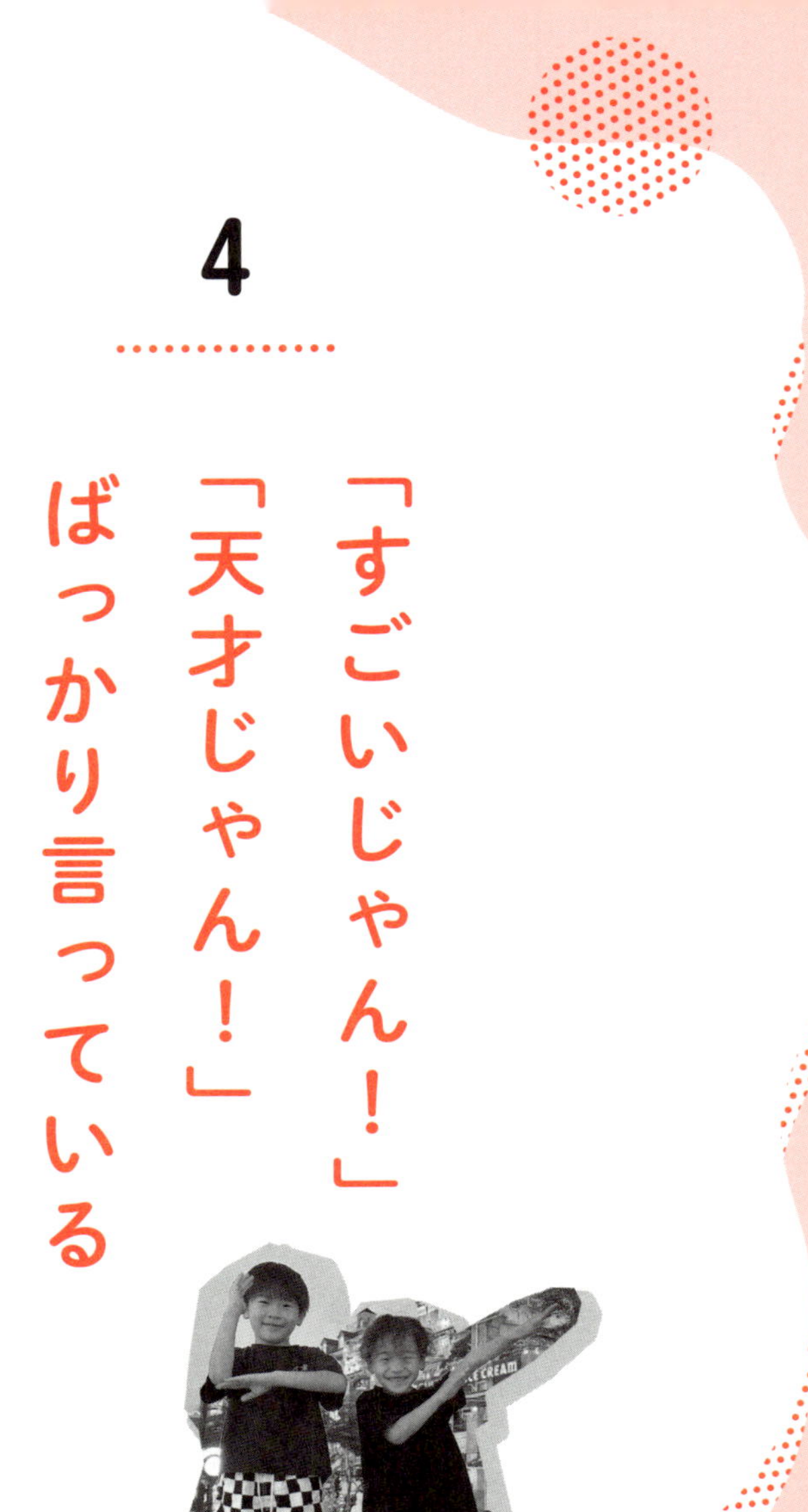

「今日、〇〇だった〜。すごく悔しかった〜」

「そうなの？　でも、挑戦したのはすごいじゃん！」

「ママっていつもそう言うよね」

と、落ち込んでいた子があきれたように笑うのはいつものこと。

テストの点数が悪かったと言ってきた時も、

「がんばったけど、〇〇点だった……」

「えっ!?　〇〇点も取れたなんて、すごいじゃん！」って。

励まさなきゃとか、元気づけなきゃと意識してるわけじゃないんです。

うまくいかなかったこととか悪かったことよりも、**がんばったこと、できたことの方に目を向けて、背中を押したい**んです。

あまりにわたしが「すごいじゃん！」ばっかり言うから、子どもたちは「えー、何言ってんのー？」と言いますが、ちょっとほっとした顔をしています。

小学校の授業参観の時も、授業が終わった休み時間にササッと子どものところに行って、

「すごいね！　できてたね！」

って耳打ちして。その時のことは、いまだによく覚えてるみたいです。

勉強は、できないよりできた方がいいんでしょうけど、その子の興味が勉強以外にあるんだったら、そっちを応援したいと思っています。もちろん勉強や結果も大切ですが、その**目標や夢に向かってがんばる姿勢の方が大切かな**ってわたしは思っています。

子どもたちはみんな可能性のかたまりで、天才だと信じています。社会に出たら、好きなことで努力したり、人に気を遣えたりする方が、はるかに大事な気がするから。

もちろん、あれもこれもできる方が、人生の選択肢は増えるとは思います。

でも、子どもによって興味関心は違うし、熱量も違う。

勉強をまったくやってないなら心配だけど、そうじゃないんだったら、**子どもの得意不得意を見極めて応援してあげたい**んです。

考えてみると、「すごいじゃん！」は、わたしの父と母の影響かもしれません。

父は、末の弟の成績があまりよくなかった時に、

「すごいじゃん！　〇〇点ってなかなかとれないぞ！」

と笑っていました。子どもながらにすごくよく覚えていますし、思わず弟と笑ってしまいました。

36 family precepts that
will keep you smiling

わたしは**テストの点数についても特に言わないし、勉強しなさいとも言わない**けれど、みんな宿題や自主勉強など、やるべきことはしっかりやっていて、忘れ物もないそうです。

子どもたちの学校の先生との面談では、

「宿題もやってきますし、忘れ物もありません。がんばり屋でとても面倒見がよく、とにかく目がキラキラしていて、いつもニコニコしながら『先生!』って呼びかけてくる姿はやる気に満ちています。家庭が充実しているんだなぁってすごく感じます」

と先月の面談でも言われてうれしくなりました。

「ママってなんで勉強しなさい! とかうるさく言わないの?」って中学生の娘に聞かれたことがあります。子どもには子どものタイミングがあるから、「あれやりなさい」「これやりなさい」って言われたくないでしょうし、わたしはわたしでいちいち言いたくない。

だから、**宿題も自分から「やろう」っていう気持ちになるのかも**しれません。

どんなこともほめたり、プラスに考えたりすると、「もうーっ!」て言いながらもうれしいのかなぁ〜。

子どもの笑顔を見ると、わたしも本当にうれしいです。

「手を貸すこと＝愛情」とは思っていない

子どもが小さいうちは、特にいろいろと手をかけます。でも成長するにつれ、「怒られるから」とか「ケガするから」と言って、いつまでも親が手を貸すことが愛情じゃないなとは思っています。

自分でやってみて、**成功も失敗も含めて学ぶことの方が、子どもにとっては意味があるような気がする**んです。

「人にイヤなことをしたら、同じことが自分にも返ってくるよ」

「自分がされたり、言われたらイヤなことは、人にしてはいけない」

その言葉はよく言います。

成長するにつれ、きょうだいの多いこの環境のせいか、子どもたちは、いろんなことをやりたがります。

小学生になると、けっこういろいろなことをさせています。

よく言われるのは、

「こんな小さい子に赤ちゃん抱かせて大丈夫なの？」

ということ。

子どもたちは、小学生でも小さい弟や妹がいるので、よく世話をしてくれます。

それに、自分もお兄ちゃんやお姉ちゃんにしてもらったことを、

「やりたい」

と思うのでしょうか。

たくさんのお兄ちゃん、お姉ちゃんたちにやってもらったことを、そのまま弟妹たちにやっている気がします。


「小さい子どもにさせる度胸が、すごいですね」

と言われたりもしますが。

度胸って言うほどすごいことをしてるわけではなく……自然な感じです。


仕事中、わたしが気づかないうちにハサミを手に取り、自分の髪の毛をバッサリ切ったこともあります。ほぼみんなです。

長男も、ウィーンと聞こえて振り返ると、バリカンを片手に自分の髪を前から切っていて、「あーっ」と止めたこともありました。

ケガがなくてよかったですが、「パパとママもやってるじゃん」と言われたこともあります。

子どもたちは親の姿、兄姉たちの姿、やっていることをよく見ている。**口で教えなくても、たくさんのことを自然に学んでいる**のだと思います。

ケガや事故につながるようなことでない限り、失敗しないように手を貸すよりも、子どもが「やってみたい」と思っていることをやらせてあげたい。**もし思ったようにできなくて失敗したら、その時に手を貸せばいいし、失敗して落ち込んだらそれを受け止めてあげればいい**。

それがわたしなりの愛情かなって思ってます。

6

社会人になったら家を出て自活する

子どもが巣立っていくのは寂しいです。

でも、家を出たいというなら、

「どうぞ」

という気持ちでいます。

というのも、わたしは18歳で鹿児島の実家から東京に出てきて、美容室で働きながら通信で美容師の勉強をしたからです。

休みも時間もお金もなく、たいへんでしたけど、それでもなんとかやってこられたので、**子どもたちにも、「親元を離れて自分の力で生活をしなさい」という気持ちが強い**です。


長男の葵(あおい)は、高校を出て美容学校に行って美容師になったのですが、美容学校へは家から通っていたので、

「昼間の学校へ通えるって幸せだよ。親が美容師で、練習したり見て学んだりする環境もある。**これを当たり前だと思わないようにね**」

と、よく話していました。

なので、美容師の資格を取って働くことになった時には、家を出て自活するように

勧めました。


それは、男の子だからというわけではなく、女の子だって自活できた方がいい。

次女の柚杏（ゆあん）は看護師さん、助産師さんを目指して勉強中なので、

「資格が取れたら、沖縄とかに就職したら？」

って言ったこともあります。

「えーっ!?　なんで？」

と言うので、

「すぐに帰ってこられないから」

なんて。


正直な気持ちを言うと……、子どもたちには近くにいてほしいし、わたしにできるサポートはしてあげたい。自分が親にしてもらえなかった分、子どもにはしてあげたいと思うんです。

でも、それは言わないって決めてます。

家を出て、お金のこととか生活のことを全部自分でまかなうのは、絶対に必要な経

験だと思うから。

お金が足りなくなっても、家が片づけられなくても、親が気にすることじゃない。

自分の生活なんだから、自分でやればいいんです。

それができるくらいの力は、家にいる間に身についているはず。

親が「バイトしなさい」と言ったわけでもないのに、みんな自分でバイト先を探してやっているし、お金の管理もそれぞれでしています。

そうでないと、銀行や郵便局への預け入れや引き出しの仕方を覚える機会がないですから。

子どもたちと一緒にいるのは、とても幸せです。

でも、**子どもたちにはこれから先の将来、親がいなくても生きていけるようになってほしい**。

そのために、子どもたちの背中を押してあげたいと思っています。

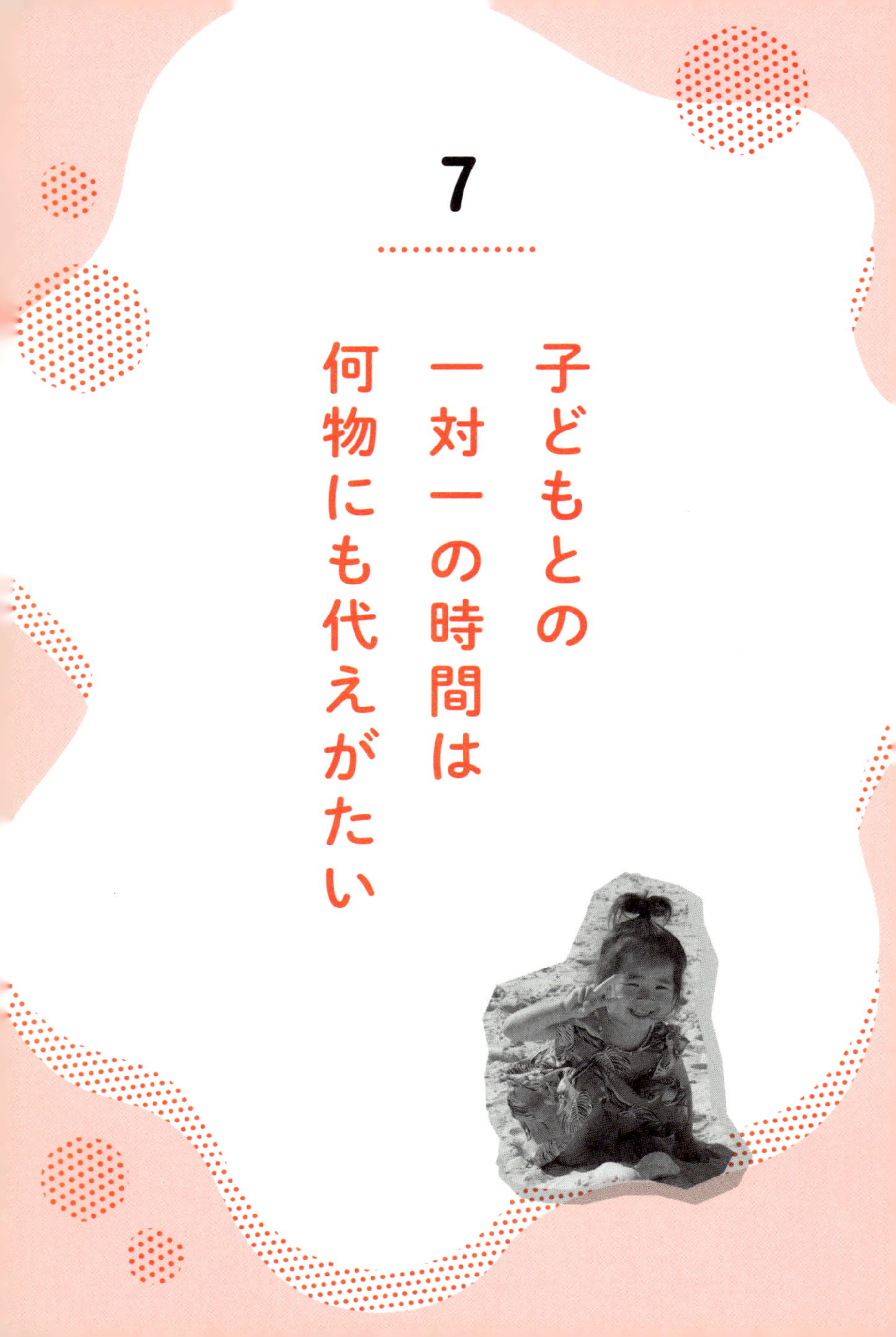

7

子どもとの一対一の時間は何物にも代えがたい

毎日会話するっていう話は先ほどしましたけど、それ以外にも、子どもたちひとりひとりとの時間を持つようにしています。

みんなと一緒にワイワイ話すのも楽しいけれど、**一対一で話す時間はやっぱり特別**で。

「こんなこと考えてたんだ……」

「こんなに成長したんだ……」

と気づくことも多く、感慨深いです。

自分たちの仕事が休みの日は、基本、保育園組の保育園行事がない限り、保育園を休ませて、一緒に出かけたり、家で一緒に過ごしています。

大きい子たちとは、特に意識して時間を取るようにしています。

習いごとやバイトなど、大きくなればなるほど行動範囲も広くなるので、なかなか時間が取れなくなることも理由の1つですが、それ以上に、**今何を考えていて、何をしたいと思っているのか**だったり、「最近はどう？」なんて**たわいもない2人きりでの会話がすごく大切**だと思っています。

大きい子は小さい子の世話をしているし、親が世話をしている姿を何度も見ているので、
「妹や弟は、いいなあ」
と感じていると思うんです。

本当は、自分たちが小さい時にも同じように世話されていたはずなんですが、親に世話されていた自分の赤ちゃんのころなんて記憶にないですよね。
だから、大きい子どもたちこそ、2人だけの時間を作るようにしています。

他のきょうだいがいる前ではたぶん話さなかったことも、2人になったから話してくれることも多く、やっぱり必要な時間だったなと思うことが多いです。

その子の性格によっては、一から十まで何でも話してくる子もいれば、そうでない子もいます。だからこそ、2人きりの時間は大切で、共感して話を聞くようにしています。

36 family precepts that will keep you smiling

話を聞いていて、もちろん話してくれる内容も重要ですが、その子の、

「話したい」

「聞いてほしい」

という気持ちを大事にしてあげたいと思うから。

その積み重ねが、また次の、

「話したい」

「聞いてほしい」

につながるのかなぁ〜、なんていつも思っています。

8

家庭の都合で夢をあきらめさせない

子どもたちは、みんなそれぞれやりたいことが違います。

わたしたち親は、それがどんなことであっても、否定はしません。

目的や夢を持って何かに取り組む子どもたちの姿を見ているだけで幸せで、頼もしくもあるからです。

たいていのことなら、

「いいじゃん！　やってみようよ！」

と言うのですが、やりたいことが、けっこうお金がかかることだったり、不安要素があったりして、夫婦で数日かけて話し合ったこともあります。

ですが、最終的には、

「やろう！」

ということになりました。

ムリしたり、やせ我慢したりしたわけではありません。

やっぱり、**子どもの「やりたい」に対して、我慢させたくはない**です。

考え方を変えて、

「わたしたち親は、とにかく仕事がんばろう！」

という気持ちになりました。


経済的なことは、夫と2人でがんばればなんとかなります。

一番悩むのは、送り迎えやつきそいが必要な時です。

今では、お兄ちゃんやお姉ちゃんが手伝ってくれることもあります。

でも、自分たちでやると決めた以上、よほどのことがない限りはお願いしないです。

でも、わたしの姿を見て、「お迎え行こうか？」とよく上の子たちが声をかけてくれます。


たとえばスポーツの試合や練習で、朝早い時間に送り届けなければならない時は、わたしの仕事が始まる前に送って戻ってこなきゃいけない。

そうすると、当然ですがものすごく早く家を出ることになります。

ウチの子だけ、みんなの集合時間より何時間も前に着いてしまうのですが、**それでも文句ひとつ言わず、自主練していました**。

帰りはどうしても仕事上すぐに迎えに行けないことも何度もありました。

その時は、上の子が代わりに行ってくれました。

子どもの「やりたい」という気持ちと、親の「やらせてあげたい」という気持ち。

この両方が強ければ強いほど、なんとか「やれる策」は見つかるもんだなと思っています。

それは、**子どもたち自身のがんばりと周りの協力があってこそ**です。

でも、

「いいじゃん！　やろうよ！」

と言ってから、

「どうしよう、どうすればいいんだろう……」

と、実際は悩むこともいっぱいあります。

それでも、楽しく一生懸命がんばる子どもの顔を見ると、結果、前向きなことしか頭にない自分がいます。

36 family precepts that will keep you smiling

第2章

助け合いが基本！
みんなが守る
きょうだいの約束ごと

9

小さい子たちは父母兄姉をよーく見ている

下の子になればなるほど、

「その年で、もうそんなことするの⁉」

ってびっくりさせられることが多くて。

考えてみれば、生まれた時からたくさんのお兄ちゃんお姉ちゃんを見ているから、何かをやりだすのも早いのです。


ウチの子どもたちが特にやりたがるのが、小さい子のお世話。2歳の子が1歳の子に哺乳瓶でミルクを飲ませて、終わったら自分の哺乳瓶をちゅーちゅー吸ってるなんてこともありました。


13人の末っ子が今3歳なんですけど、自分より下の子がいないから、犬の世話をやいたり、お人形を常に抱いたり、ベビーカーに乗せてお世話をしています。

わたしに、「見て見て!」ってお世話しているところを見せたがるし。

とにかくお世話したくてたまらないみたいです。保育園でも自分より小さい月齢の子の世話をよくやいているようです。

男の子でも女の子でも**親や上のお兄ちゃん、お姉ちゃんたちにしてもらったことを自分もやる、やりたい**。

やさしさを含め、いろんなことが連鎖しているのだと感じます。

女の子たちなんて、学校の担任の先生の世話もやいているみたいです。

「先生、机の上きれいにしますね！」

「何か持ちますか？　持っていきますか？」

って声をかけたり！

周りをよく見ていて人のために片づけたり何かすることが自然と身についているし、お世話するのが好きです。みんなそれがたいへんというよりは自然に出るのかもしれません。

わたしが出産して赤ちゃんと帰ってきた時なんて、きょうだいで赤ちゃんの取り合いでした。

何人ものきょうだいをお世話してきたから、小さい子でも赤ちゃんの抱き方をわかっているし、頭や関節のやわらかいところは気をつけて支えなきゃいけないってこともわかっている。

もちろん子どもたちは母親教室を受講したことはないですが、この環境で身につき、

赤ちゃんのお世話の経験値は十分にあるかもしれません。

今はわたしの弟の子どもに夢中で。弟が赤ちゃんを連れてくると、

「抱かせてよー！」

「ダメ！　さっき抱いたじゃん！」

「ずるいー!!（大泣き）」

という感じで、大騒ぎです。

どこの家の赤ちゃんでも、小さい子を見れば世話をやきたい。みんながそんな感じです。

お世話している様子を見ていると、わたしたち親やお姉ちゃんお兄ちゃんがやってたのと同じことをしているので、ほほえましい気持ちになります。

わたしたちが**大事に育てていることがちゃんと伝わっている**し、**赤ちゃんや小さい子、お友達や兄姉弟妹への接し方一つにしても思いやりがある。**

そういう子に育ってくれていることが、とってもうれしいです。

10

お兄ちゃんお姉ちゃんを呼び捨てにしない

夫もわたしも危険なこと以外は、子どもたちに「こうしなさい」とか「あれしちゃダメ」とはあまり言わないのですが、1つだけ、子どもたちの前で〝しないこと〟があります。

それは、**上の子たちを呼び捨てにしないこと**。

本人には、たとえば「葵（あおい）」「海音（かのん）」と名前で呼びますが、弟や妹たちに上の子の話をする時は、

「葵（あおい）くんがさ……」

「海音（かのん）ちゃんがね……」

と、必ず「くん」や「ちゃん」をつけています。

年子で、いつも一緒にいるような子たちも、上の子には「凛（りん）くん」と「くん」をつけて言っていますね。

もし、末っ子の春音（はるん）が「叶（りた）が……」と言ったら、

「お兄ちゃんだから、りっくんでしょ」

と訂正しています。

怒って言うんじゃなくて、「違うよ」と教えてあげる感じなので、子どもたちも自然とそう言うようになりました。


決して、年上の子がえらいとか、下の子がえらくないということではありません。

いずれ**社会に出た時に、年齢が1つでも年上の人をうやまう気持ちを持つことが大事**だと思うからです。

スポーツや習いごとを始めたり、中学校で部活に入ったりすると、先輩・後輩という関係性ができるので、大切なことだと思っています。


礼儀や言葉遣いを、ひとつひとつ全員に教えることはできないから、目に見える形で伝えることができたらという感じです。

見て、聞いて、感じて身につけたことは、大人になっても生かしていけるんじゃないかなと思っています。

「呼び捨てにしちゃダメ」と注意するよりも、親が率先して「くん」「ちゃん」づけで呼んでいれば、それを見て同じようにしてくれるような気がしています。

36 family precepts that
will keep you smiling

そうは言っても、わたしたち夫婦が話し合ってそう決めたわけじゃなくて。

なんとなく、気づいたらそうしていました。

でも、それがずっと続いているということは、わたしも夫も同じ考えだったってことですね。


「これが家族の決まり」みたいなことは何もないけれど、**わたしたち親が大事だと思ってやっていることが、生活する中で自然と子どもたちに引き継がれていったらうれしい。**


社会に出れば、いろんな人がいます。

いい人もいるし、そうでない人もいる。

楽しいこともあるし、つらいこともある。

もちろん、自分が失礼なことをしてしまう場合もあるでしょう。

世間知らずで失敗しないように、最低限の礼儀や人への気遣いは、家にいる間にできるようになってくれたらと思っています。

11

「○歳だからできない」なんて思わない

子どもたちは、生まれた瞬間からおおぜいに囲まれていて、当然ながら全員が年上という環境。

家の中が「シーン」としている状況なんてほとんどないです。

そのせいか、だいぶたくましい気がします。

歩きはじめる時期は平均的だったと思うけれど、**話せるようになったのもオムツが取れるのもみんな早かった**です。

毎日、いろんな年齢の子の言葉を聞いているせいか。

お店のお客さんが、お子さんを連れてこられることもあるんですけど、ウチの子を見てびっくりされることも多いです。

「同じ年齢なのに、もうそんなことできるんですか!?」

とよく言われます。

わたしは毎日見ているから特別なことだと思わなかったんですけど、3歳の春音(はるん)なんて、すごく上手に自分の髪を結ぶんです。ゴムで一度結わえてからバッテンにして結ぶとか、同じ高さで2つ結びをしたりとか。上の子たちもそうでした。

いつ、どうやって覚えたんだろう？　と思いましたけど、いつの間にかできてるんです。たぶん、お店で遊びながら、わたしがやっているのを見ているし、お姉ちゃんたちのことを見ているからだと思います。

あと、保育園に上がるころには、お風呂は親とではなく子どもたちだけでもよく入ってます。上の子が「ちゃんと体洗ったのー？」なんて叫んでたりして。

周りに話すと、

「えーっ!!?　子どもたちだけでちゃんと体洗えてるの？」

って聞かれますけど、一緒に入った時に見ているとすごくみんな上手ですよ。

自分で洗って、体ふいて、ドライヤーかけて髪を乾かして。やりたいことはやらせてあげればいい。ドライヤーは、近づけると温度が低くなるタイプの、小さい子どもでも安全なものを使っています。

春音（はるん）はお風呂から出ると踏み台を持ってきて、棚の中から自分の着たい服を取るんですけど、重なっている下の方の服を取るから、畳んでいたものが落ちてみごとに毎回散乱！

あーあ、と思いながら片づけてますけど、だからといって「やめなさい」とか「ママが取ってあげる」とは言いません。

わたしのやることが増えたとしても、**自分で自分の着たいものを取って着るということをほめて伸ばしてあげたい**。

畳んだ服を落とさずに取れるようになるまで、そんなにかからないはずです。

それに、わたしが片づけているのを見ているので、自分で片づけたりもします。

着たい服を自分で取りたいなら、きれいに畳んだ衣服の山がくずれて自分のやることが増えたとしても、それに対していちいち言いたくはありません。

だからといって、どんどん散らかして！　ってわけじゃないですけど……。

あと、授業で習字がある時は黒い服を着ていってほしい……けど、白が着たいならぜんぜんOK！

洗えばいいだけだし、落ちなくてもまあいっかって思ってます。

12

手もかかるけれど
手はいっぱいある

子どもが13人もいれば、家事も育児もやることはたくさんあります。仕事もしているので、時間はいつも足りない……。

「手がかかってたいへんでしょう」

と言われますが、その分、助けてくれる「手」もたくさんあります。

わたしから子どもたちに「あれやって、これやって」とはあまり言わないんですけど、**なんとなく〝やる雰囲気〟になっている**ような気がします。

「家の手伝い」という改まった感じじゃないですけど。

わたしが部屋の片づけを始めると、誰かがキッチンの洗い物を始めたり、習いごとの送迎が間に合わない時には、「行ってくるよ」と上の子が声をかけてくれたり。

特に手伝ってくれる子とそうでない子がいるわけじゃなくて、ベースとしてはみんな手伝ってくれて、その上でさらにやってくれる子もいる感じです。

うれしいのは、わたしがお風呂に入っている間に部屋を掃除してくれたりして、お風呂から上がったら部屋がキレイになっていて。

見てないところでもやってくれる気持ちがすごくうれしくて。

モデルルームみたいにすごくきれいになったりします。

大喜びして感激しているわたしを見て、子どもたちも喜んでいました。**喜ばせたいという思いでやってくれる。その気持ちが本当にうれしい**です。

先日の小・中・高校生9人の三者面談でも、「何でも率先してやってくれて、掃除も手際がいい」と褒めていただきました。

わたしは、ある程度はきちんと片づけて部屋をきれいにしてから子どもたちを送り出したいと思っているし、仕事に行きたいと思っていて。

帰ってきたらすぐにご飯の支度があるから、疲れて帰ってきた時に散らかってると、疲れが何倍にもなる気がするんです。

それは子どもたちもなんとなくわかってるのかな。散らかったままでご飯を食べるとか、片づけないで寝るとかは、しない気がします。

だからといって、散らかしちゃダメとは思っていません。遊んで散らかすのはぜんぜんいい。でも、**終わったら元に戻すまでが遊び**だから。

小さい子が散らかしたままにしていると、上の子が、

36 family precepts that will keep you smiling

「ちゃんと片づけなさい」

「片づけられないんだったら遊ばないで」

と注意してます。

わたしたちが言っていたことを弟妹たちにもやってみせたり、言ってみせたり、やってくれたり……**手もあるけど口もたくさんあります**。


片づけたり掃除したりするのは、わたしがそうしたいからやっているだけなんですけど、結果的に、**子どもたちがそれを見て同じようにやっているのはうれしい**です。

子どもたちが言われてイヤなことはわたしも言いたくないし、言う前に自分自身がやる。片づいた環境で育てたい。

なので、子どもたち自身も、片づけよう、キレイになったところで生活したい、と思ってくれているなら、これでよかったのかなと思っています。

「背中を見せる」って言ったらかっこよすぎですが、〝片づけるのが当たり前〞と思うようになったのかなと思います。

13

家族のイベントは自然と全員出席

子どもたちはみんな習いごとや部活をしているので、成長するにつれてどんどん忙しくなります。

好きでやってることだから応援していますが、家族でどこかに出かけるとなると、予定を合わせるのが年々難しくなっています。

バイト、部活、習いごと、仕事……みんなの予定を合わせるのはたいへんですが、**家族みんなで出かけることがわたしたちのモチベーション**です。なので、習いごとで日程がどうしても合わなくて、行けたとしても2時間くらいしか現地にいられなくても、「それでも行きたい」と言うので、下の子たちは上の子や夫に任せて、家族とはまた別で車を出して、わたしが送迎しました。

どんなに家族旅行に行きたくても、**習いごとや部活を休まないのはえらいなあと思います**。わたしも休ませたくないですし、休ませません。

やりたいことには、その子なりに真剣に向き合っていますし。

だからわたしも夫も、そのたびに、

「じゃあ、ここでわたしが抜けて迎えに行って……」

「パパは後から○○と一緒に来て……」

とか、上の子の予定が合う時は、

「お姉ちゃんがここで連れてきて……」

なんて細かく予定を立てています。

そのために**時間や交通費がさらにかかりますが、子どもがやりたいことを叶えてあげるのが、わたしたち親の思い**なので、運動会とか授業参観も、けっこう家族総出です。長女の海音や次女の柚杏は「運動会いつ？　文化祭いつ？」って必ず行事を聞いてきます。親が時間に遅れてしまう時でも先に見に行ってくれたり、一緒に行ってくれたりします。

長男の葵や長女の海音が小学生の時は、わたしたち夫婦がまだ独立する前だったり独立直後だったりして、一番忙しい時期だったので、卒園式や授業参観も行けなかったり、時間に合わなかったことが多くて。あんまり言わないですが、自分だけ親が来なかったことはすごく覚えているんです。

自分が感じた寂しさや悲しさを、弟や妹たちに味わわせたくないと思っているのかなぁ。今、わたしたちが行けない時は、必ず行ってくれていますし、長男が一緒に働いてくれるようになったおかげで、わたしもさらに仕事を抜け出せるようになりました。

ウチはみんなの位置情報をスマホで共有しています。

わたしはめったに子どもたちがどこにいるかは見ないんですけど、子どもたちはわたしの行動は見ているみたいで。

だから、たまに予告なくわたしの目の前に現れて、

「えーっ！　なんでここにいるの？」

ってうれしいサプライズがあったり。

今は、きょうだい同士でやりとりして一緒に行動したりとかもあり、家族間の連絡はスムーズで、とても助かっています。

14

やさしさは連鎖する

子どもたちを見ていると、わたしたち親がしていたことをそのまま妹や弟たちにしているなあと思うことが多くて。

一番思うのが、土日のお出かけです。

わたしたちの仕事は、土日を休みにできません。でも、子どもたちの保育園や学校は土日が休み。土日に家族みんなで遊びに行くということは、ほとんどできません。なので、土日休みには大きい子たちが、遊びの計画を立てて弟妹たちをいろんなところへ連れていってくれたりします。

「来週の土曜日、○○に連れていってあげたいんだけど、いい？」

と言ってくれることがよくあります。

小さい子たちも習いごとがあるので、予定を合わせないとみんなで一緒に行くことができない。それをわたしに確認してくれます。

ウチが家族で出かけるのは年末年始や長期休みの時くらいなので、**週末はお兄ちゃんやお姉ちゃんが親代わりになって楽しませてくれています**。

ひとりひとりの誕生日も、みんな誕生日の子のために準備をしたり、プレゼントを用意したり一生懸命で、社会人の2人は弟妹たち全員にお年玉も用意してくれていま

す。

社会人の長男・長女は、2人でいつも「今年はいくら渡す?」なんて話したりしているようです。

最初はいくらあげてるかも知らなかったんですが、後から下の子たちに金額を聞いて、びっくり。全員分って考えたら、けっこうな金額です。

わたしは「そんなにあげなくていいのに」と思ったりもしますが、してあげたい気持ちが強いのだと思います。

自分たちが親にしてもらったことを、今度は自分が妹や弟にしてあげたい、と。

そういうのを見ていると、**やさしさや想いは連鎖するんだなあって感じます**。

学校行事で遠足や修学旅行に行った時は、必ずきょうだいたちへのお土産を買ってきます。

お小遣いの額は他の子と同じなのに、きょうだいのものばっかり買ってたら、自分の分買えないでしょって思いますし、「自分のものを買いなよ」って送り出すのですが、きょうだいやわたしたちにたくさん買ってきます。

もらった子たちは大喜び!

36 family precepts that
will keep you smiling

喜んでいる顔を見るのが、楽しみなのだと思います。親のわたしたちと同じ気持ちが流れているんだなあって。

このあいだ、小1の叶（りた）と小2の碧（あみる）が学校から帰ってくる時に、高校生のお兄ちゃんたちに信号のない横断歩道のところまで迎えに行ってもらったんです。碧（あみる）は真面目なんでちゃんと帰ってくるんだけど、叶（りた）は遠くの方に姿が見えたと思ったら、途中で田んぼに入ってザリガニとったりして、なかなか帰ってこなかったらしくて。

一向にこっちに来ないから、わざわざ叶（りた）のいるところまで歩いていって連れて帰ってきたって言っていました。

そういう話を聞くと、高校生なのに親と同じことしてるんだなあって思っちゃいますね。

子どもたちを見ていて感じることは、「やらなきゃいけない」と思ってやっているんじゃなくて、**「喜んでもらいたい」「やってあげたい」と思ってやっていること**。

それが、やさしさの連鎖になっているなと感じます。

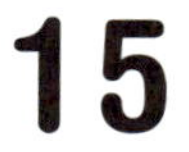

整理整頓のコツは「とにかくすぐやる！」

学校からもらってくる大事な手紙や書類は、その日のうちに整理しないと忘れたり、どこへやったかわからなくなってしまいます。

とにかく量が多いし、パッと見て見分けがつきにくいから、後回しにしたらたいへんなことになります。

子どもたちには、帰ってきたらお手紙はすぐ見せてと言っていて、**渡されたらまず一番上に名前を書きます**。

そして、**提出期限のあるものはすぐに対応**。書いて提出するものはその場で書くし、集金はすぐにお金を用意して封筒に入れます。

保管しておく書類は、子ども別のクリアファイルに入れます。

その選別をその場でやらないと、本当にわからなくなってしまいます。

「後で」と言ったら最後、絶対に忘れる自信があります!

洋服やおもちゃは、定期的に整理しています。服も下着も、わたしは全部誰のものかわかります（名前を書いていなくても）。夫は洗濯物を畳んでくれても、ぜんぜん違うところにしまっておくので、分けて入れるためのカゴを買いました。

服はすぐにサイズアウトするので、誰も着られないものはすぐ実家の方へ送って人に譲ったりしています。

お姉ちゃんたちは、自分で着なくなったものを出してきてくれて、妹たちが着られるようならとっておくし、着ないものはフリーマーケットで売ることもあります。

去年もやっていました。量が多いですし、すごくきれいに着ているので、けっこう売れるみたいです。


捨てる・捨てないの判断は早い方です。13人分の服を整理するので、よく断捨離はします。

このあいだもたくさんの量の服を仕分けしました。それでもまだ衣装ケースはパンパン。

服を畳んでしまうんじゃなくて、全部ハンガー掛けにして、きれいにスッキリ収納するのが目標です。

帰ってきたら玄関からお風呂場に直行して、すぐに汚れを落とせるような動線だったらいいなーとか。今の生活環境に合った家を建てられたらなぁって……それが夢です。

36 family precepts that
will keep you smiling

女の子は特にわたしのことをよく見ていますし、片づけやお世話もよくしてくれます。

長女の海音(かのん)なんて、たまに帰ってくると「はい、みんな！　片づけるよ。ママにやらせないでよ！」「全員でやれば、すぐじゃん！」って声をかけてくれます。

でも、海音(かのん)がいない時は、次女や中学生の女の子たちがまったく同じことを言ってくれるので、助かっています。

パパを巻き込むのもうまい。わたしは夫に「片づけて」とか「あれやって」「これやって」って言わないんですけど、その分女の子たちが言っています。

「パパ、これやって」「パパ、一緒にやろうよ」なんて、上手にパパを誘導しています。

散らかす人も多いけれど、片づける人も多い。

整理整頓は、家族の協力なしにはできません！

36 family precepts that
will keep you smiling

第 3 章

これってノウハウ!?
幸せになる
大家族マネジメント

16

ネガティブな状況は逆手にとって楽しむ

わが家にとって、**家族そろってのお出かけは一大イベント！**

人数が多いし、子どもたちはみんな習いごとをしているので、なかなか予定が合わないからこそ楽しみで。

ですが、コロナの時はそうもいきませんでした。

「三密」とか「ソーシャルディスタンス」と言って、人と距離を取るように言われている中、ウチみたいな大家族が集団で出かけるのはなかなか難しい。

予定を立てても、自粛期間の延長などがあって、中止せざるをえないこともありました。

家族での楽しみがなくなる、というのは、子どもにとってはつらいこと。大人だって、ものすごく楽しみにしていたことがなくなったら落ち込みます。子どもの気持ちを考えると、何かしてあげたいな……と。

そんな時は、**家のガレージでお店を開店！**

このあいだも、キャンプで使うタープを張って屋根を作って、たこ焼きやポップコーン、ポテトを揚げて、駄菓子などを並べて、おうちで屋台をやりました。

そういう時は、子どもたちが店員さん。食べるのも楽しみだけど、自分たちで作ってお店っぽくやる方が楽しいと思ったので、ごっこ遊びやおうちキャンプはよくやります。

料理ができるクッキングトイは、あらゆるものをそろえてあるので、たいていのお店は開けます。

ジュース屋さんだと、いろんな種類のジュースを並べてふたつきのプラスチックコップとストローを用意すればそれで十分楽しい。ほんのちょっとのことだけど、日常と違うのがいいんです。

綿菓子なんて、カラーシュガーを入れて、わりばしでクルクルすればできるので、**綿菓子屋さん**も人気です。

わたしがよくやるのは、大量のポテトを揚げて、コンソメとかバター醤油とかいろんなパウダーで味つけしてひとりひとり紙袋に入れてあげること。お店にはない、いろんな味のリクエストにも応えられます！　**ふりふりポテト屋さん**です。

子どもたちは、食べ物を作るだけじゃなく、型抜きをしたり、アメひき、お菓子のひもひきをしています。

支払うためのおもちゃのお金は、100円ショップで買ったり、ネットで子ども銀行のおもちゃを購入して用意。ちゃんと支払いをしてお釣りを渡します。**大きい子が小さい子に教えてあげて、いい社会勉強にもなっています**。

クッキングトイで遊んで食べた後は、片づけもちゃんと手伝ってくれます。自分たちでやったことは自分たちで片づけるというのも、大切なことだと思ってます。

お出かけが中止になったことを忘れるくらい、とにかく楽しむ！

どんな状況になっても、家族みんなで楽しめればいいと思っています。

大きいお兄ちゃんやお姉ちゃんも、時間があれば今も参加してます。そういうのを見ると、子どもたちが家庭を持って子どもを持ったら同じことをするんだろうなあ、なんて想像したりしています。

17

家事の中で一番好きなのは掃除

ＹｏｕＴｕｂｅで料理動画をよく上げているので、料理好きだと言われることが多いですが、じつは掃除が一番好きです。

子どもたちにちゃんと食べてほしいので一生懸命作りますが、料理上手なわけではないと自分では思っています。

家事で好きなのは、掃除です。あと、洗濯も好きです。

やればやるだけ、目に見えてきれいになったり片づいたりするからです。

掃除すると、何より自分が気持ちいい！

人に掃除を強要することはありません。

子どもの友達が家に集まってくれて散らかったとしても、後から自分で片づければいいと思っています。

みんなが集まってくれることはすごくうれしいですし、わたしの実家も同じで、いつもたくさんの人が集まっていました。

母に、「人が集まってくれる家。あなたもうちと同じだね」と言われたことがあります。

掃除は、けっこう細かいこともしてます。

キッチンのＩＨコンロの隙間の油を、爪楊枝でかき出したり。油汚れが取れると、気持ちいいんです。

そのせいか、以前コンロを買い替えた時、メーカーの人に「えっ？　13年経っているように見えないですね」と言われたこともあります。

ウチの洗濯機は1日中回っていて、乾燥機はガスを使っています。ガス乾燥機から出した洗濯物は、全部いったんは畳んでしまっています。

子どもたちが外から帰ってくる時にはできるだけきれいにした状態で迎えたいし、朝送り出す時はきれいな状態で送り出したいので、朝出勤前のルーティンと夜のルーティンはだいたい決まっています。

それは、結婚してからずっとです。

仕事から疲れて帰ってきた時に、家が散らかっているとよけい疲れるというのもあります。

だから、**出かける前に「ここまでは片づけておこう」と決めてやっています**。それ

36 family precepts that will keep you smiling

が、毎日のルーティンです。

もちろん、せっかく片づけても子どもが帰ってくるとすぐに物が増えて散らかすので、ガーン……って感じです。

長男の葵(あおい)はとてもきれい好きで、高校時代は野球部で寮に入っていたんですけど、寮の部屋もすごくきれいに片づけてました。なので、寮を出る時も荷物がすごく運びやすかったです。

女の子たちも、自分たちの部屋はきれいに片づけてます。だから、わたしは大きい子どもたちの部屋を片づけたことはないです。

子どもたちも、日々片づけが習慣化しているのかなぁと思っています。

18

どんなに忙しくても式典には出席する

学校関係のイベントごとは、授業参観であれ運動会であれ調整に苦労するのですが、特にたいへんなのは卒業・入学シーズン。

日にちも重なったり、お客様の卒業・入学の着付けやヘアセットの予約、自分の子どもの支度もあるので、早朝から連日ドタバタです。

「〇時から△時までこっち行くから」

「じゃあ、わたしは☆時からこっちに行くね」

と、夫と手分けして出席しています。

小学校入学の日は学童保育の入室式もあったりしますし、そこで役員決めなどもあるので、**パズルみたいにスケジュールを組んでいます**。

たいへんとはいえ、これまで卒業式・入学式に行かなかったことはありません。

それは、**わたしたち親が子どもの晴れ姿を見たいというのが一番の理由**です。

卒業式・入学式が特に忙しいのは、わたしたち夫婦が「出席」するだけでなく、着付けやヘアメイクなどの仕事もあるからなんです。

卒業・入学シーズンは、幼稚園や保育園、小学校、中学校、高校、専門学校、大学

と、たくさんの学校の子どもたち、先生たちのお支度をさせていただいています。

公立の小学校や中学校はだいたい日程が重なるので1日に何校もあります。お客さんとして来てくださる先生方や生徒さんたちの予約が埋まっていて、それに着物の着付けはわたしの担当なので、フル回転です。

3月はほとんど家を出るのが早朝！　ほぼ寝られない日が続きます。

そんな中で自分の子どもの卒業・入学がある時は、まずは仕事に行く前に子どものヘアセットだけします。寝ている子どもを起こすのが、夜中の3時とか……。お客様のお支度を終えて帰宅してから娘の着付けをします。

わたしも夫もお店の仕事が終わりしだい、自分たちの支度をして急いで式に駆けつけます。そうなると、当然自分たちは最低限、さっとスーツを着るというくらい。

えらいなと思うのは、**式典の日、主役の子どもたちは自分で荷物を用意して時間通りに家を出る**ということ。

わたしたち親は、「行ってらっしゃい」と見送ってあげることはできません。

卒業式・入学式のみならず、七五三シーズンの朝もわたしたちは家にいません。わたしたちの両親が近くにいれば来てもらえるのかもしれませんが、そういう環境にはありません。小さいころからそうしているので、「自分で支度して行くものだ」と思ってくれているのかもしれません。

驚くことに、子どもたちは式典にも学校にも遅刻したことはないんです。**親がいなくても、自分たちでできることは自分でやる。**すごく頼もしいですし、助かっています。

「ご飯食べたよ」「今から家を出るね」とお店に電話が来るので、それも安心材料の1つです。

だからこそ、どんなに忙しくても、少し遅れてしまっても、必ず式典には出席します。

子どもたちの成長を改めて確認し、ここまで育ってくれたことに感謝で胸がいっぱいになります。

朝ごはんの時間は体調チェックの時間

ご飯は3食とも大事にしていますが、中でも朝ごはんはちょっと特別です。朝ごはんというより、**「朝ごはんの時間」**。子どもたちが起きてきて、学校に行くまでの間に**食卓で顔を合わせて会話することを大切にしています**。

食が細い子もいますが、朝食は必ずみんな食べます。食べられないなら無理強いはしません。その子の体調や性格、その日の気分もあるので、朝からイヤな気分にはさせたくないです。

「おはよう」って言って顔を見て、「今日は部活？」とか「プールだよね」と話しかけるとか、そんなに大したことを話すわけではありません。ちょっと元気なさそうとか、体調悪そうだなとかは、なんとなく見ればわかります。心がけているのは、**必ず顔を見て、一言でも二言でも言葉を交わして送り出すということ**。

そうしないと、1日が落ち着かないんです。

朝食の献立は、みんなそれぞれ違います。パンだったりご飯だったり、あるいはわたしが「今日はこれね」と言って出すこともあるし、子どものリクエストでピザを作ることもあります。

ピザと言ってもすごく簡単なものです。その子がその日に食べたいもの、食べられるものをなるべく出してあげたいと思っています。

朝は、その子によって食べられる量も違いますし、その日によっても違う。**「食べ切った」という感覚を持って、1日をスタートしてもらいたいんです。**ムリにたくさん食べる必要はないと思っています。

「残さず食べなさい」って、朝からブツブツ言って送り出したくないというのもあります。

でも、だいたいこのくらいなら食べられるかなというのはわかるので、献立も量も調整しています。

登校時の見守りをする「旗当番」があるんですけど、担当の場所はウチの子たちの

36 family precepts that will keep you smiling

班しか通らないので、当番に行くまでの道でも話したりします。

ほんの数分でも、朝の数分は貴重です。

朝食も旗当番も、子どもと話すための時間。

同じ場所にいて、一対一で顔を見て話すことがどれほど大切なことか。

そして、**1日の始まりに子どもと言葉を交わすことが、その日を乗り切るわたしのエネルギーになっている**ことを感じています。

20

15人分の料理を
時短・コスパで作るコツ

料理動画は見てくださっている方が多くて、たくさんのコメントをくださいます。「こんなにたくさん作ってすごい！」と言っていただくことが多いんですけど、**今となっては、「少量」がわからなくなっています**。

料理のこだわりやコツを聞かれることもありますが、本当に簡単なものしか作っていません。参考になるかどうかわからないですが……わたしなりの方法を紹介します。

その①一品でも栄養がしっかりとれる

一品の料理にたくさんの野菜や食材を使っています。

その一品でいろんな食材を食べられるように、たとえば炒め物を作るとしたら、**肉も野菜もなるべく多くの種類を入れるようにしています**。

特に何品目とか数えているわけではありませんが、冷蔵庫でちょっと残った野菜とかを全部入れたり。汁物やメイン料理に同じ食材を使うと、時短やコスパにもなります。

その②焼き物も蒸し物もオーブン任せ

前は、ハンバーグをフライパン3つ使って焼いていましたが、もうやめました。

今は、ハンバーグはオーブンで焼いてます。

オーブンなら、スイッチを入れれば放っておけるから、焼き加減も見なくていい。

その間に他の料理ができます。

あと、焼き魚もオーブンです。

魚焼きグリルで焼いたことは一度もありません。

時間を見てひっくり返したり、弱火にしたりしなくていいので。

グラタンやピザも、何でもオーブン。今のオーブンは網焼きや蒸し焼きもあるので助かっています。

その③ホットプレートは子どもの手を借りる

餃子は100%ホットプレートで焼きます。フライパンで焼いてたら、焼き上がったそばから食べちゃって、また焼いて持っていったらまたなくなって……と無限ループ。

なので、皮で包んだらホットプレートを温めておいて、みんなで焼いてもらう。

このあいだ作ったのは、400個!!

多少焦げたりしても、自分たちでやるのは楽しいし、味変とかも好きにできる。

男の子だって率先してやってます。**子どもたちが楽しんで焼いている様子が見られるのも、うれしい**です。

その④お弁当は彩りよく

動画でも、「お弁当はどうやって詰めてますか?」と質問があるんですけど、そんなに難しく考えていなくて。

でも、見た目は気にしてます。**やっぱりお弁当箱を開けた時に、喜んで食べてもらいたいから、食欲がわくように**とは考えています。

そのためには彩りよくしたいとは思ってます。

食材の色もそうですけど、カラフルなピックとかでにぎやかにしたり。100均に行った時はいつも見て、かわいいのがあるとつい買っちゃいます。パソコンで印刷して名前入り手作りピックを作ったり、自分もすごく楽しんでいます。

21

学校関係の用事は1日に一気に詰め込む

わたしたち夫婦は土日休みの仕事ではないので、平日の休みの日は子どもの学校関係の用事をまとめて済ますようにしています。

仕事が休みの日は、ハードなスケジュールで動いています。

「何時からこれやって、何時に終わったら次はここに行って……」とスケジュールを詰め込んでいます。

役員の仕事もあるので、移動移動でバタバタです。子どもたちの三者面談は、希望日を書いて提出するので、とにかく休みの日にきょうだいで集中して順番に終わらせるようにしています。

学校の先生も、きょうだいが多いことを知ってくださっていますし、何年何組にウチの子がいるということもわかってくださっているので、きょうだい一緒の日に面談をしてくださいます。

学年をまたいで調整してもらえるのは、本当にありがたいですし、助かります。

仕事の休みの日に時間が取れない時は、仕事に行く前の朝に3人の面談をやってもらってから仕事に向かうこともあります。

あと、授業参観は、同じ日、同じ時間帯に重なるので、時間を見ながら順番にまわります。

多い時は、小学校に5人通っていたことがあって。全員のクラスに見に行きたいから、**校内を4階から1階まで移動移動でバタバタでした**。

1クラス10分くらい見たら、次の子のクラス。そしてまた次のクラス。

保育園の子を連れていく時もあるので、「しーっ」って言いながらそっと廊下からのぞいたりしています。

家にいる時とは違う子どもの顔が見られるので、授業参観は楽しみです。その授業で子どもが発表するとなったら、絶対に見たい！

そういう時は、先生が配慮してくださって、「○番目に発表します」と教えてくださいます。

授業が終わると、子どもたちがわたしの近くに来てくれるので、小声でいっぱいほ

36 family precepts that will keep you smiling

めています。教室の掲示物を見るのも楽しみです。

大きくなった子たちは、いまだに「授業参観の後、ママがほめてくれたのを覚えてる」と言っていました。

わたしは**子どもたちのことは何でも「天才!!」って思っている**ので、特別なことを言ったつもりはないんですけど、子どもたちにとっては印象深く残っているみたいです。子どもたちに言われるまで、わたし自身はそれが特別なことだとは思っていなかったです。

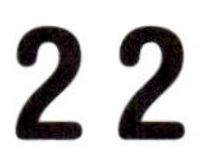

22

学校の役員は子どもを産んだ責任の1つ

PTAの役員問題はどこの学校でもあると思います。

「できない理由」や「やりたくない理由」っていろいろあるけれど、**子育てに限らず、介護している人もいるし、働いている人もいる。専業主婦の方だって、みんな忙しいです。**

なので、忙しいのはみんな同じ。そう考えると、わたしも子どもが多いからっていうのは理由にできないなと思っています。子どもを産んだ責任の1つだとも思っています。

なので、役員はけっこうやりました。保育園、小学校、中学校、高校もやっています。自治会の役員も、学童の会長もやりました。役職はくじ引きで決まりました。

高校は、毎年入学式の保護者会でくじ引きなんです。当たったら、3年間やらないといけない。

それが、今は高1の子と高2の子のクラスでダブルで当たったのですが、高校同士が離れているのでバタバタです。

以前、小学校で書記になったことがありました。書記は、毎月の会議で議事録をとって、パソコンで清書して提出したり、入学説明会の書類の準備とかをしなくてはいけなくて。一緒に役員をやってたお母さんと、お互いに役員の仕事ができるのが夕飯の片づけが終わった後の夜9時くらい。そこから2人で学校に行って、毎週朝方まで準備したこともありました。

夜中に、ずーっと印刷して並べて書類そろえてとか、すごく大変でした。

バザーのある日は、本部の役員の方が朝早くから集まって準備をします。いろいろ担当が割り振られていて、わたしは唐揚げを作る担当でした。集合する前に家で数キロの唐揚げを作って、現場で2度揚げをしました。家中が唐揚げの匂いでいっぱいでした。

でも、役員をやるといいこともたくさんあります。

たくさんのお母さんお父さんたちと知り合えたのは、すごく大切なご縁で今でも宝物です。当時、**一緒に役員をやってた方たちとは、今でも仲良くさせていただいています。**

あと、先生方とのやりとりも増えるので、お話しする機会も増えます。会議や作業

の合間に、進路の話を聞くこともできます。

広報担当になると、運動会とかで一番いい場所で写真が撮れます。役員の特権なので、今年は、高校生組の体育祭のベストショットが撮れました。

一番よかったのは、子どもたちが喜んでいたこと。役員だから、一般の親御さんが行く授業参観とか運動会以外にも学校に行くことが多いんです。**学校で会うとすごく喜んでいました**。

思春期になっても、長男の頃から、学校行事に来ないでと言われたことは一度もないです。

きょうだいが多い分、自分のことを見てくれる、自分のためにやってくれるというのがうれしいのかもしれません。

役員は忙しいですが、**子どもが喜んでくれる貴重な仕事だし、親の責任の１つ**だと思っています。

36 family precepts that
will keep you smiling

第4章

子育ては親育て！
親になった喜びは
こんなにある

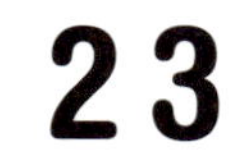

23

「片づけて」の注意が年々減っていく

子どもたちを見ていて自分と似てるなぁと思うこともたくさんありますが、「あ、わたしと同じこと言ってる！」と思うことはよくあります。

一つあげるとしたら、片づけの注意。

よく言っていたことは、

「自分の靴並べた？」

「帽子は上に掛けた？」

「洗いもの、全部出した？」

「片づけないなら遊ばない！」

「片づけまでが遊び！」

「宿題はやった？」

「やることやった？」

全部、わたしが上の子たちに言っていたことです。

それが今ではまったく言う必要がないくらい。**長男にわたしが言っていたのを「10」とすると、長女、次女や三女、次男以降は9、8、7、6……と、年々減っている**と思います。

小さい子たちも、お兄ちゃんやお姉ちゃんに言われると、よく聞いています。決して怒って強く言っているわけではないのですが、自分たちが今言われていることをちゃんとやってきた「先輩」みたいな感じで、親が言うよりピシッと響くのかもしれません。

そして、やっぱり**最終チェックはわたしがしています**。上の子から「チェックしたよ、大丈夫だよ」と言われることもあるのですが、わたし自身も確認します。

特に小学生は、朝学校に行く前にランドセルの中身を必ずチェックします。男の子は特に心配なところがあります。

「準備したの？」と聞くと「やった、やった」って言いますけど、実際見てみると大事なものが入ってなかったり……。

小1の叶(りた)と小2の碧(あみる)に、今日持っていったものは片づけて、明日の用意をするように促すのがお兄ちゃんやお姉ちゃんのことも多くて、本当にそれができているかをチェックするのがわたし。保育園の春音(はるん)には兄姉と一緒にわたしもひとつひとつ教えていますし、準備やチェックもします。

宿題も、「やりなさい」と言うだけではなく、上の子がしっかり見てくれています。

お風呂場に、学習ポスターを貼っているんですが、一緒にお風呂に入ると問題を出したりしてくれています。

きょうだいの面倒を見ること、世話をやくことはみんな大好きです。

おかげで、わたしは料理や洗濯や掃除などの家事に集中できますし、習いごとの送迎に時間をさけるのが本当にありがたいです。

習いごとは、場所や時間、習っているコースが違うので、送迎のスケジュールを計算して、その合間に保育園や学童のお迎え、買い物へ行っています。

スマホのスケジュール帳に新たなスケジュールを入れている時に、周りの人にはよくびっくりされます。

仕事を抜け出したり、予定を組みやすくするため、今の時点で子どもたちのわかっているスケジュールは、1年先の分まで入っていることもあります。

24

あふれるほどの「ありがとう」に包まれる

子どもたちに癒されることは、日々たくさんあるのですが、一番は「ありがとう」です。

ちょっとしたことでも、必ず「ありがとう」って言ってくれます。

お菓子を買っただけなのに、スーパーやコンビニのレジで一緒にいる子みんなが「ママ、ありがとう」って大きな声で言うので、レジの人も驚いていて。

「みんな、すごいですね」

ってよく言われます。

車で送迎する時もそうです。

送っていったら「ありがとう」、迎えに行ったら「ありがとう」。

車から降りる時も「ママ、ありがとう」。

特別なことをしているつもりはないけれど、自然にいつも「ありがとう」って言われます。それは、長男葵（あおい）、長女海音（かのん）、次女柚杏（ゆあん）が「パパ・ママありがとう」と必ず言うからなのかな……。

わたしも子どもたちに、すぐ「ありがとう」って言います。

子どもがしてくれたことは何でもうれしいし、その**気持ちがそのままストレートに**

出ているだけなんです。

それを見てくれているからなのかな、家族で出かけた時も、上の子たちが、ちょっとしたことでも「パパ、ママ、ありがとう」って大きな声で言います。なので、下の子たちもみんな言います。

あと、子どもたちがすごいと思うのは、気遣いができること。

一緒に買い物に行くと、上の子たちは必ず荷物を持ってくれます。長女の海音(かのん)と待ち合わせした時も、会った瞬間に荷物を持ってくれる。夫は持ってくれませんけどね(笑)。

お店で仕事している時は、予約が詰まっていると休憩も取れないし、食事もできないことが多く、そんな状況をわかっているのか、お店に来る子どもたちは**「何か買ってくる?」「おにぎり置いといたよ」と言ってくれます**。

子どもたちをお店に連れていくのは、学校が休みの土日に一緒にいてあげられないからなんですけど、ただ遊んでいるだけじゃなくて親が仕事をしている様子をよく見ていて、お手伝いもよくしてくれます。

わたしたちが仕事している姿を見せたいと思っていたわけではないですが、小さい頃から職場にいて、仕事している姿を見ているせいか、スタッフやお客様、みんなに気遣いができている姿はうれしいです。

お礼を言うことに関しては、よその人に何かしてもらったら必ず言いなさいとは言ってます。

友達のお宅に遊びに行った時は「おじゃまします」と言って玄関で靴をそろえる、車に乗せてもらった時は、乗る時と降りる時に「ありがとう」と言う、などなど。

「ありがとう」も「ごめんなさい」も、その場ですぐに言うことが大切だと思っています。

時間が経ってしまうと言いづらくなるし、何に対して言っているのか相手に伝わらないこともあるから。

それだけは、全員に言ってきました。

子どもたちの「ありがとう」があふれると、**本当に疲れが吹き飛びます**。

何気なく言ってくれている時でも、**わたしの心がふっと軽くなる**。魔法の言葉だなって思ってます。

25

気持ちが伝わる手紙は一生の宝物

ウチは、**言葉だけでなく手紙でのやりとりも多い**です。

子どもたちの誕生日には、必ずメッセージを書きます。受験や試合の当日のお弁当にも、メッセージを入れています。

年賀状も毎年100枚以上は出すのですが、全部手書きで一言添えるようにしています。

わたしの母が筆まめな人で、何か送ってくれる時も必ず手紙が入っています。

それも、ちゃんとわたしと夫にそれぞれ。

子どもたちの誕生日プレゼントも、毎年手紙つきで送ってくれています。

13人分、わたしたち夫婦も含めたら15人分!

母の気持ちや想いは、この年になってもうれしいです。

子どもたちからも、母の日や誕生日にはたくさんの手紙をもらっています。

上の子たちから小さい子たちまで、みんなも書きたいって言うみたいで。

字が書けない子は絵を描いてくれて、下の方にお姉ちゃんの字で「〇〇より」って書いてあります。**きょうだいで協力して描いてくれていると思うと、その気持ちがう**

れしくてわたしの宝物です。

もらった手紙は、全部とってあります。さすがにきれいに整理はできていませんが、箱いっぱいに詰まっています。

その箱も大量で！

中には、工作して作ってくれたものとかも入っていて、そこに手書きでメッセージが書いてあるから捨てられないんです。

書いてくれるのは、やっぱり感謝の言葉が多くて。口頭で言ってくれる「ありがとう」ももちろんうれしいですが、手紙のように残るもので伝えてくれるのもまた格別です。

そんな気持ちが詰まった手紙の箱は、永遠に宝物です。

きょうだい同士でも手紙のやりとりをしていて、誕生日にはみんなでカードを渡し合っています。

子どもたちは、もらった手紙をスマホで撮っておいて、手紙そのものは大事にしまっているみたいです。スマホならいつでも見られるからって。

36 family precepts that will keep you smiling

わたしは、家の中を片づける時に、たまにふと子どもたちの手紙の箱を開けています。片づけるためじゃなくて、読むために。

ちょっと疲れた時とか元気が出ない時に、一枚一枚読んでいると、たくさんの元気をもらいます。

また明日も、自分なりに一生懸命でありたい。

そう思わせてくれます。

家を出ている長男と長女に荷物を送る時も、手紙を一緒に入れているんですが、家に遊びに行った時、その手紙が壁に貼ってありました。

捨てずに貼ってある。とっておいてくれる。

すごくうれしかったですし、**手紙・言葉の力を改めて感じました**。

26

誕生時の体重と出生週数は忘れられない

子どもたちが大きくなればなるほど、小さい頃のことを思い出すとしみじみした気持ちになります。

特に誕生日になると、

「生まれた時は、こうだったなぁ……」

「あんなに小さかったのに、よくこんなに大きくなったなぁ……」

と、いろいろと感慨深いです。

生まれた時の体重や出生週数、産んだ時の状況などは、13人全部覚えています。**妊娠中もお産もひとりひとり違うので忘れられません。**13人分の母子手帳も全部宝物なので、たまに見返すと、その時のことを思い出します。

一番たいへんだったのは、やっぱり長男の時。1人目ですし、何もかもが初めてですし、実家へ里帰りせずに埼玉でお産したので、まだ20代のわたしは、仕事との両立、金銭面……不安もたくさんありました。

実家が夫婦ともに遠方なので、頼るすべがなかったというのも、不安材料ではあり

ました。

流産を繰り返したこともありましたが、長男のお産は安産で、13人生まれてきてくれた子どもたちもみんな安産でした。

いつも、産むギリギリまで仕事していました。そのせいか、けっこう逆子になりやすくて。

たぶん、わたしが動いているのと、子宮が卵を横にしたみたいに縦が短く横に広く丸いので、赤ちゃんが回りやすかったみたいです。

腹帯を締めてたら動きづらいし、そこにカットしたお客様の髪の毛が刺さるので、仕事中は腹帯もしないことが多かったです。

でも、逆子体操をすると出産前には逆子が必ず戻っていました。

13人授かって、無事にお産できる体に産んでくれた父と母には感謝しかありません。

わたしが20代のころは、産休や育休の制度が整っていたわけでもないですし、出産や子育てに関する支援や優遇措置も十分ではなかったので、産んで育てるだけでもたいへんでしたが、マタニティブルーや産後うつはまったくありませんでした。

とにかく**「かわいい！　うれしい！」が勝(まさ)っていて、つらいこともたくさんありま**

36 family precepts that will keep you smiling

したが、楽しいことの方が記憶に残っています。

その気持ちは、13人産んだ今も変わりません。もっと若かったら、まだ子どもを授かりたかったくらい。上の子たちには「もういいよ、自分の体のことを考えて」って言われています。

美容室に来てくださるお客さんの中には、子育てについて話したいとか、話を聞いてほしいと言う方がたくさんいらっしゃって、

「こんな時、佳月さんだったらどうしますか?」

ってよく聞かれます。

経験、体験してきたこと、子どもへの想いしかお話しできませんが、自分の考え方ひとつ、気持ちひとつで、子育ても変わると思うので、**自分のもとに生まれてきてくれたことに感謝の気持ちを忘れたくはない**と思っています。

27

ずっと子どもと過ごせる夏休みは天国！

夫婦でお店を始めたころは、学校行事も行けなかったり、時間に間に合わないこともありました。

十分に休みも取れないし、今みたいに時間をやりくりしたり、大きい子たちに協力してもらったりもできなかったので、**わたしたちもつらかったし、上の子たちは特に寂しい思いをさせました**。

土日が仕事のため、長期休みは家族みんなの楽しみです。上の子たちが小さいころから夏休みは家族旅行をしていました。いつも1泊でしたが、1泊だけでも、すっごく楽しい思い出です。

今も、週末に子どもたちと過ごせない分、長期休みは貴重です。

夏休みに入る前から、「どこに行こう」「何をしよう」と考えています。考えるのも楽しみの一つです。

日々、家の手伝いをしてくれたり、わたしたちのサポートをしてくれている子どもたちにとって、旅行とか家族のイベントはモチベーションになると思っています。

そして、仕事をがんばって年1回は山形と鹿児島へ帰省して、両親に孫たちや自分たちの姿を見せたり、旅行へ行くことを目標にしています。

大人だって、先に楽しみがあるからがんばれるっていう気持ちは同じです。

夏休みにどこに行くか、何をするかは家族みんなの意見を聞いて、話し合って決めることもありますが、わたしが計画してみんなにサプライズで知らせるというのが多いかもしれません。

場所を調べたり行き方を検討したり、アクティビティや遊びを探したりするのは忙しくても楽しみの方が強いので、仕事が終わった後でも喜んで計画します。サプライズで発表する時の、**子どもたちのうれしそうな顔を思い浮かべると、疲れなんてまったく苦になりません**。

毎年、夏休みが終わると、「冬休みが早く来ないかな〜」って思っています。

旅行に行く時は、家族だけじゃなく、子どもの友達も一緒に行くこともあります。みんなで行った方が楽しいし、子どもたちも普段仲良くしている同級生が一緒だとより楽しいと思うので。

「一緒に行くのが楽しい！」とお友達も言ってくれるので、それはすごくうれしいです。**忙しくて家族で出かけられない親御さんの気持ちもよくわかるので、みんなで楽しめたら幸せ**です。

夏休みが楽しみなのは、子どもたちだけじゃありません。わが家では、計画を立てるわたしも、子どもたちの遊び道具をせっせと準備する夫も、子どもたち以上に楽しみです！

28

巣立ちの楽しみ&寂しさも13人分

子どもたちの成長はうれしいし、日々大人になっていくのを見るのは感慨深いものがありますが、いつかは巣立っていくと思うと寂しい気持ちはあります。

わたしが親元を離れて東京に来たのが18歳。高校を卒業して、就職し、通信で美容学校へ入学したころでした。

今では、親と一緒に暮らしていた時間よりも、親と離れている時間の方が圧倒的に長くなりました。

わたしたち親も、**子どもと暮らせるのはそんなに長くはない**。**あと何年かな……**と数えたりもします。

子どもたちは、すでに将来の夢や目標を持っています。「こんなことやってみたい」「〇〇になりたい」という話はよくしてくれるので、**13人それぞれの将来、未来があってすごく楽しみ**です。

専門学校を出て社会に出るのが20歳。４年制の大学を出て社会に出るのが22歳。社会に出たら、家を出て自立することを考えると思います。

今高校生の子たちは年子なので、あと数年したら毎年のように巣立っていきます。**毎年見送ることを想像すると、やっぱり寂しい**です。

わたしの両親は、家を出て東京で美容師の勉強をすることを応援してくれました。2人とも東京で働いた経験があったので、やっぱり**勉強するなら都会の方がいいと、快くわたしの背中を押してくれましたし、応援してくれました。**

周りには、東京に行くことを親に反対される友達もいましたが、わたしの両親は心配をしつつも、上京して美容師になりたいというわたしの夢の応援をしてくれました。それを思うと、わたしも寂しいなんて言っていられないです。

寂しさの一方で、ここまで成長してくれたこと、やりたいことを見つけて自分の道を進んでいってくれるのは、うれしいです。

子どもが多いからこそ、責任も重いです。

親としては、**ひとりひとり子どもを見送るごとに、また一つ責任を果たせたなという安心感**もあります。

とはいえ、心配はつきません。仕事をして自活するのは、並大抵のことではないですし。

このあいだ、ひとり暮らしをしている長女の家に、次女と2人で行きました。

36 family precepts that will keep you smiling

長女はまだ帰ってきていなかったのですが、2人で部屋で待っていて。

その時に次女が、

「ひとり暮らしの部屋って、こんなに静かなんだね。誰の声も聞こえないし、寂しいね」

と言いました。

送り出す親も寂しいけれど、出ていく本人も寂しい。それでも必要なことだから、お互いに前へ進まないとです。

なので、自立して家を出ていった子が、たまに帰ってくるとうれしくて。夫婦ともにハッピーオーラ全開です。

家でみんなそろってご飯を食べる時間がこんなに幸せなんだ、と改めて感じています。

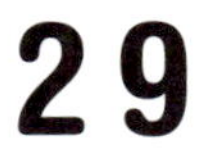

29

親として、子どもに絶対に言わないこと

わたしたち夫婦には、子育てについて「こうしよう」とか「こうしてはいけない」という決まりは特にありません。

なんとなく、**大事なこととそうでないことはお互いに同じかな**と思っています。

お金の使い方についても、子どものために買うものを事前に夫に相談しないこともあります。買ってから文句を言われたこともありません。

そのへんは、阿吽（あうん）の呼吸かもしれないです。

ただ、子どもに対して「言わないこと」があるとすれば、**きょうだいで比べないこと**。

比較して叱るようなことはしたことがありません。

勉強が得意な子もいれば、苦手な子もいる。料理や片づけが得意な子もいれば、苦手な子もいます。

苦手な子には得意な人、兄姉がサポートすればいい。**不得意なところがあっても、得意な部分を伸ばせばいい**し、好きなところをきわめたり、楽しめればいいと思っています。

勉強ももちろん大切だと思いますが、内容や結果より、そこに向かって取り組む姿

勢の方がすごく大切で、社会に出てからもその力は生きると思っています。

保育園の時から字の読み書きができた子もいれば、小学校に入ってようやくできるようになった子もいます。

それは、**能力の差ではなく、興味の差**。

子どもは興味を持ったらとことん前に進みます。だから、**字を書くことに興味を持った時期が違うだけ**。

大人になってもオムツしている人がいないように、それと同じで、時期が来たらちゃんとできるようになるし、その子ひとりひとりのペースがある。

周りやきょうだいと比べて、親が怒ったり悩んだりする必要なんてないと思っています。

13人育ててみて思うのは、本当にひとりひとり違うということ。

同じ親から生まれてきて、同じ家庭環境で育っても、ぜんぜん違います。

そして、**ひとりひとりのいいところがたくさんあります**。

子どもたちの個性を大事にしてあげたいです。

「きょうだいを比べない」ということは、わたし自身が意識しているわけではなくて、子どもたちが気づかせてくれたこと。

「ママとパパって、『〇〇ちゃんはできたのに』とか『勉強しなさい』と言わないよね」

と言われて初めて、「そうかな」と思いました。

子どもたちは「それがよかった。言われると嫌だし、自分のペースがあるから」と。

完璧な親・人はいない。**親のいいところも子どもが見つけてくれる**。

だったら、親も子どものいいところをたくさん見つけてあげたいですし、子どもたちはみんな天才!! 才能の塊だと思っています。

36 family precepts that
will keep you smiling

第 5 章

親だって1人の人間！
自分のことも
大事にする

30

1人でも13人でも子育てはたいへん

1人の時間ってないんですか？　と聞かれることがありますが、正直言うと、1人の時間がほしいってあんまり思わないです。

1人が寂しいってわけではないのですが、それより、**子どもたちと一緒にいたいし、一緒に出かけたいと思う気持ちが強い**です。

1人でスーパーに買い物へ行ったり、用事のついでに近くのお店へ寄ったり、子どもたちが学校のときに用事を済ませたりすることはあります。

でも、子どもを置いて友達と出かけるということもないです。もし出かけるなら、子どもを連れて友達と会ったりします。

仲良くさせていただいている家族とは、いつも子どもたちを中心に予定を立てて集まっています。

20代のころは、子どもを家に置いて、大人だけで食事に行こうって誘われたこともありましたが、やっぱり子どもたちが一緒の方が楽しいですし、小さな子どもたちを置いていきたくない、という気持ちの方が強かったです。

子どもから離れてゆっくりしたいという方の気持ちももちろんわかりますが、わたしは子どもたちと一緒に楽しみたい。

ひとり時間は、まったくないわけではなく、むしろ今では十分あります。

そのせいか、自然と「子どもを連れて集まろう」という友達との関係が濃くなってきた気がします。


わたしのひとり時間がいつか……というと、早朝か深夜。子どもたちが起きてくる前と子どもたちが寝た後です。

その時間にしているのは家事か、ネットで子ども服を見たり、自分の服を見たりすること。家事は洗濯をしたり、部屋の片づけをしたり。子どもたちがいない分、作業に集中できるのでとても効率がいいです。

ひたすら黙々と手を動かして、家事を含めてやることをどんどん終えていくので、すごく気持ちいいです。

その時間があるおかげで、気持ち的にはリセットされるような気がしています。

これはこれでわたしなりのストレス解消になっています。


「13人も子どもがいると、たいへんですよね」

「わたしなんて、子どもが1人しかいないのに、いっぱいいっぱいで……」

と言われることがあります。

その時、必ず言います。

「1人『しか』じゃなくて、1人『も』ですよ。子どもは1人だってたいへん。多いからとか少ないからじゃない。**育てること自体がすごいこと**」と。

専業主婦の方から、仕事から帰ってきた夫に「家にいていいな」と言われるという話を聞くことがありますが、とんでもない！　と思っています。

子育てって時間が決まっていないし、24時間365日が当たり前。自分の都合で休むこともできないし、休暇を申請することもできない。

それに、人を1人育てるんだから責任もある。

子育ては、命に関わる仕事です。

それは声を大にして言いたい！

お父さんも、お母さんも、子育てしている人もみんながんばっています。

31

親になる自信はなくても
産む選択には自信があった

インスタのDMで、

「〇人目の子を妊娠したんですけど、経済的なことを考えると不安もあって……。佳月さんだったらどうしますか？」

と聞かれることがけっこうあります。

悩む気持ちはとってもよくわかります。

何人目であっても、**産むかどうかを悩むのは、産んだ後のたいへんさを考えるからだと思う**んです。

経済的なことはもちろんですが、子どもが増えることで、今までできていたことができなくなるかもしれない。時間もなくなるし、仕事も辞めなければならないかもしれない。

わたしが3人目を産んだころは、まだお店を独立していなくて、夫婦ともに勤めていました。3人とも保育園に預けていたのですが、保育料は月に22万円超え。

当時は子どもの助成金もほとんどなかったですし、実家が遠方のため保育やお迎えを頼むこともできず、保育料以外にもかかるお金がかなりありました。

夫と2人、保育料のために必死に働いているような日々。

それに、子どもに何かあって仕事を休む時は、勤め先に言うのが申し訳なかったです。


それでも、産むかどうかの相談を受けたら、

「わたしなら、**産んで後悔はしないけれど、産まなかったら後悔すると思う**」

と言っています。

わたしも、いい親になれるかどうかの自信はありませんでした。

でも、保育料に22万円以上払っていた時でさえ、産んだことを後悔したことはないです。

夫と2人で「とにかく働いてがんばろう！」と決めていました。

独立したのは28歳のころでしたが、自分たちのお店を持ってからは、時間外だろうが休みだろうが関係なく働きました。

予約を取って仕事をすればするだけ収入になるし、着付けもわたししかできないので、休日でも早朝から予約を受け付けました。

そして、夜から朝方までバイトもしていました。お店が終わって家に帰って子ども

たちにご飯を食べさせたら、夜また仕事に行くという感じでした。

あとから聞いた話ですが、子どもたちは「どうしてママが夜行かなきゃいけないの？」と言っていて、ママが夜出ることがすごく嫌だったと言われました。

子育てはもちろん、お店で働いてくれているスタッフへの責任も強く感じていました。東日本大震災後の計画停電のために、お店は開けていても営業ができない時は特につらかったです。

休む時間もないし寝る時間もなかったけれど、それでも子どもたちを授かって産んだことは正しい選択だったと思っています。

正しいかどうかというより、わたしらしい選択だったんだと思います。

それぞれの家族には、いろんな事情があると思います。わたしの選択が誰にとってもいいとは思いません。

ただ、**どんな選択をしても、自分らしいと思えればいい**んだと思います。

産んでも産まなくても幸せに生きることはできるし、子どもが1人でも2人でも13人でも楽しい暮らしは送れる。**家族はいつでも味方でいてくれる**と思っています。

32

まゆ毛が片方しかないのはいつものこと

毎日やることがありすぎて、すぐに自分のやっていたことを忘れがちです。いつも、1つのことをやりながら、次にやることの段取りを考えたり、それが終わったら次！ という感じで、頭の中も体もノンストップで動いているので。

自分のメイクをしている時も、片方のまゆ毛を描き終わってもう片方を描こうと思った時には、さっき頭に浮かんだ「あっ、そうだ。次にあれしなきゃ！」をやっちゃってることが多いです。

気づいた時には、まゆ毛を片方しか描いてなかったりします。**両方とも描いていない時もよくある**ので、お客様は慣れています。

まゆ毛の他によくやってしまうのが、服を後ろ前逆に着たり、裏返しでタグが外に出てたりすることです。

「やることがたくさんあるから、仕方ないよ」と常連さんはよくフォローしてくださいますが、家族の中では**「またやってるよ！」**ってよく言われてます。

出産の時、1人で職場から2駅先の病院へ向かったのですが、「あれ、乗り過ごした」と思って降りて乗り換えると、また職場の最寄り駅。何度か繰り返して夫に電話すると、「〇〇駅は〇〇駅の次だよ！」と言われて気づいたり、外出先で男子トイレと女子トイレを間違えて入ってみたり、近所のコンビニへ車で行って、歩いて帰ってきたり……。


でも不思議なことに、仕事の内容に関わるミスはないんです。

仕事では、複数のお客さんに同時に対応することが多くて、Aさんのカラーをしている間にBさんのカットをしたり、とにかく段取りが命。

その段取りや、やるべきことのミスはないです。

なのに自分のことはしょっちゅうやらかしています。

いつも自分のことは二の次なのかもしれません。


……仕事の時にミスはないと言いましたけど、美容業とは違うミスはいっぱいあります。

ドライヤーのスイッチがつかなくて「故障かも⁉」と思っていたら、コンセントを

36 family precepts that will keep you smiling

さすのを間違えていたとか、同じお客さんに2回もコーヒーを出したとか、そんなことは日常茶飯事です。

よく夫や長男に「やば!」と笑われています。

33

夫は同志。助け合ってここまで来た

夫もわたしも、18歳で親元を離れて働きながら美容学校に通い、国家資格を取って働いてきました。

仕事をして、子どもたちを育てて、**毎日走り回っていたらあっという間に30年近く経っていた**というのが実感です。

「こんな夫婦になろうね」

「こんな親になろうね」

と話し合ったことはありませんが、それでもともに走り続けてこられたのは、根底で通じ合うものがあったからだと思うんです。

夫は、子どものことに関しては「あれダメ」「これダメ」とは言いません。

それはわたしも同じで、夫婦そろって「いいじゃん」という感じ。

だからといって、いい加減なわけではないです。

子どもがやりたいこと、挑戦したいことについては、ブレーキをかけたくないということです。

習いごとをしたいと言えば、「いいじゃん！　やってみたら」と。

まずは子どもの思いを優先したい。親の不安や心配を口にしてしまうと、子どもの自主性がそがれてしまうかもしれないから。

もし心配なことがあれば、

「どうすれば心配なくやらせてあげられるか？」

を考えます。

わたしたち夫婦の思いは「子どもがやりたいことをさせてあげたい」という一点に尽きるんです。

そこで夫婦で言い争うこともないし、意見が食い違うこともない。

また、わたしが子どものものを買ったりするのにも、事前に夫の許可を得ないこともあります。「ダメ」なんて言うはずがないってわかってるから。先に伝えた時も、反対されたことはないです。

夫がどんな父親かと言えば、**「子どもみたいな父親」**です。

子どもと同じ目線で……と言うと聞こえがいいですが、とにかく遊ぶ時には全力！

子どもと同じかそれ以上に楽しんでいます。

36 family precepts that will keep you smiling

だから、夏休みになるとイキイキしてます。

普段の休みにも「今日はどこに連れてく?」って言っているので、わたしと同じように「1人になりたい」という気持ちはないみたいです。


仕事終わりに飲みに行くこともまったくなく、まっすぐ家に帰ってくるので、子どもたちには「早っ」って言われてます。

夫は「えっ、帰ってきちゃだめなの?」なんて。

やっぱり、**子どもたちと一緒に過ごすことが生き甲斐であり、やり甲斐**なんだと思います。


たまに夫婦で意見が分かれた時も、**「そういう考えもあるんだ」**という感じで、自分の意見を押し付けることはしません。それは、夫婦ともに。

わたしが無言の怒りを放つことはあっても、言い合いの夫婦ゲンカはしません。子どもたちが大好きで、子どもたちと遊ぶのが楽しくて仕方ないところが共通しています。

夫婦というより同志。子どもたちを幸せにしたいという想いだけはブレずに、ここまでやってきました。

34

自力と馬力だけが頼りのライフヒストリー

わたしが生まれ育ったのは鹿児島県。東京とは違ってのんびりとした自然がいっぱいなところです。

高校卒業後、上京して就職しました。当時、県外へ就職が決まっていた友達の中には、直前になって地元に残ると決めた子もいました。

じつは、その少し前に阪神淡路大震災がありました。それまでは上京を応援してくれていたのに、震災を機に県外に行くのを反対する親が少なくなかったんです。泣く泣く東京や大阪行きをあきらめた友達も、何人もいました。

わたしも、一度は迷いました。**両親・弟たちと離れることが不安でした。**

そう思ったら、このまま鹿児島で美容師になった方がいいのかもしれない……と。

でも、両親の方が「東京に行きなさい」と言ってくれました。

両親も若いころは東京で働いていたので、将来のことを考えたら、東京で働いた方が身につく技術の幅も広いし、将来の選択肢が増えるし、やりたいことも実現できるでしょうと。

正直言って、そう言われても「東京に行く」と即答はできませんでした。不安だっ

たし自信もなかったです。

でも、今になって思えば、やっぱりあの時に**思い切って家を出てきてよかった**なと思います。

そうは言っても、初めは不安がいっぱいでした。

東京なんて、まったく縁もゆかりもない土地ですし、知り合いも親戚も頼れる人もいません。

当時は携帯電話なんてないので、しょっちゅう連絡を取ることができず、おまけに実家への公衆電話からの電話代がものすごく高かったです。

少し話しただけで何十円もお金がガシャンと落ちていました。

今なんてＬＩＮＥがあるので、すごく便利ですし、うらやましいです。

勤めたお店の社長からは、「最低でも1年は実家に帰ってはダメ」と言われていました。

とにかく1年間は耐えてがんばれということでした。

わたしはお金もなかったし、鹿児島に行って帰るほどの休みもなかったので帰省も

できませんでした。

父と母にたまに電話をしては、**声を聞くたびに寂しさと懐かしさで胸がいっぱいになり、声をころして涙していました。**

でも、帰らずにがんばってよかったなと思っています。

働きながら学校に通って美容師の勉強をして、2年で資格を取りました。

その間は、ほとんど実家には帰っていません。

苦しいこともつらいこともあったけれど、続けていればいろんな人に出会え、いろんなことを経験できる。**経験が増えれば対応力も自信もついてくるし、自分の力でなんとかする覚悟も生まれます。**

子どもたちも、そういう時期を乗り越えて大人になってほしいと思っています。

35

「普通」の子育てなんてわからなかった

長男を出産したのが21歳の時。一度も里帰りせず、**親も上京せず、初めての出産と育児に必死**でした。

周りを見ると、里帰りしたり親に手伝ってもらったりしていて、やっぱりうらやましかったです。

子どもが病気や入院した時も、周りは家族が付き添いを代わってくれていたり、お弁当を買ってきてくれたり、いいなって思っていました。

夫は夫でフルで仕事していたので、育児を手伝う時間もなかったのです。

長女、次女の時だけ里帰りし、母が上京してくれた時もありましたが、母は父の看病があったので、**ほぼ夫婦2人で仕事、出産、子育てを乗り切ってきました**。

育児休暇の制度も整っていなかったので、出産してひと月くらいで仕事に復帰していました。

当時、女性の美容師さんは妊娠したら仕事を辞める方が多かったです。出産後に仕事に復帰する人は、勤務先では1人もいませんでした。

長男をおんぶして成人式や結婚式の着付けをして、1日中働く日々。よくやってきたなあって、今は思います。

わたしは、20代の時に下肢（かし）静脈瘤（じょうみゃくりゅう）の手術をしました。静脈には、血液が心臓に戻る時に逆流しないように弁がついているのですが、その弁が壊れたことで静脈瘤ができました。

美容師は立ち仕事なので、静脈瘤ができることはそれほど珍しくはないのですが、20代でなる人はほとんどいないと言われ、手術をした時も「あなたみたいな若い人が？」と同じ病院で手術した年配の方に言われました。

当時のわたしは、産前もギリギリまで働き、産後もすぐに働いていたので、お店で立ち仕事をした後、家に帰っても家事と育児でほとんど座るヒマがなかったです。

術後、先生にも「同じ生活をしていたら、またなるよ」と言われました。そして、また同じ下肢静脈瘤になりました。

初めての子育ての時は、『たまごクラブ』『ひよこクラブ』を買ってよく見ていました。何人授かっても、不安はたくさんありましたが、妊婦健診がすごく楽しみで、赤ちゃんの成長、子どもたちの成長が楽しみでした。

わたしは性格的にあまり他人のことが気にならないタイプです。「普通の子育て」

とか「一般的な子育て」を意識したことはありません。人と同じようにしなきゃという気持ちもあまりなく、親から誰かと比べられたことがないから、他の人や他の家のお子さんのことがあまり気にならないのかもしれません。

「みんなやっているからこうしなきゃ」「こうでなきゃ」という思いにしばられなかったのは、両親にすごく感謝しています。

保育園では親はみんな働いているから送り迎えの時間がバラバラで、立ち話をして周りの家庭でどうしてるという話を聞く機会はあまりありませんでした。

よく意外と言われますが、わたしはけっこう人見知りなので、話しかけられたら話しますが、自分からぐいぐい話しにいく感じではないです。

よその家族の話をしている場に呼ばれたことはありますが、ほぼ右耳から左耳です。一度、今でも仲のいい友人に言われたことがあります。**「すごい興味ない顔してるよね」**って。

「○○さんの家は△△だって……」みたいな話は興味がなく、空返事をしていることを同じ考えの友人に見抜かれていました。

36

家族のピンチは みんなで乗り越える

子どもを13人産んでも元気なわたしですが、昨年、脳動脈瘤の手術をしました。

こんな大病をしたのは、生まれて初めての経験。

人間ドックで脳動脈瘤が見つかったのですが、その時にはすでに3・7㎝。

お医者さんも、一生に一度見るか見ないか、くらいの大きさだったそうです。

「痛みに強いし、我慢強いから、気づいてなかっただけだよ」と周りに言われましたが、本当に自覚症状はまったくありませんでした。


はじめはカテーテル手術ができず、開頭してバイパス手術しかないかもと言われていました。検査入院の結果、動脈瘤は大きいけれど、わたしの血管自体は丈夫なのでカテーテルを入れても大丈夫ということがわかり、カテーテルを入れてステントを数本入れる手術方法になりました。

瘤（こぶ）が右下にできていたので、術中に血栓が飛んだら脳梗塞（のうこうそく）、もしかしたら左半身に麻痺（まひ）が出るかもしれないと言われたのですが、幸いまったくなくて。**後遺症に苦しむことなく、今では半年に1回のMRI検査や経過観察を続けています**。

わたしが入院して手術するなんて、子どもたちにとっても初めてのこと。お産で入

院するのは何度もありましたが、病気での入院は今回が初めてでした。

お産の時も家をあけるのは不安でしたし、大泣きの子もいたので、家族や上の子どもも泊まれる病室に入院していました。

お産より入院が長かったので、小さい子は、長女やお姉ちゃんたちに抱きついて寝ていたみたいです。母親の病気と不在は子どもにとっても大きなストレスで、**産み育てる以上、自分の健康管理は大切だと改めて感じさせられました。**


わたしが入院している間、**家では家族一丸となってがんばってくれていました。**

お弁当作りはナシにして、しばらくはお金を渡して買うようにと言ったのですが、長女が、「お弁当がないとかわいそうだから」と毎日作ったそうです。

そして、鹿児島から母が出てきてくれて、朝と夜のご飯作りとその他の家事を一手に引き受けてくれました。

長男も、わたしの病気を気にして、前のお店を辞めてウチのお店で働いてくれて、お店の仕事のことは夫と2人で切り盛りしてくれていました。

独立している長女も仕事を辞め、次の職場に移るまでの間、少し長く休みを取ってくれて妹や弟たちの面倒をよく見て家事も引き受けてくれました。

36 family precepts that will keep you smiling

わたしがいない間の話を聞いて、**子どもたちがどれほど成長していたかを感じることができて、喜びと感謝でいっぱいでした**。そして、普段からわたしが子どもたちにしてることを、よく見てくれていたんだなぁと感じました。

自分の健康管理は決してないがしろにしていたわけではないのですが、子どもたちへの責任という意味ではもっと気をつけないと、と思いました。

母は、手術から1年以上経った今も、「そんなに動いちゃダメ」とか「もっと休まなきゃ」と言ってきます。「わかってます」と返しますが、いくつになっても親からすればわたしは子どもです。**親って、いくつになってもありがたい存在だと改めて感じています**。

子どもが元気でいることが、一番の親孝行なのだとつくづく感じます。

わたしにとってはたいへんな経験でしたが、家族の温かさと団結力を感じた、貴重な経験でもありました。

おわりに

最後まで読んでくださって、心よりお礼申し上げます。

ありがとうございます。

初めての本なので、

「皆さんに手にとっていただけるかな？」

「読んでいただけるかな？」

と不安半分、期待半分でしたが、このページを読んでくださっているということは、
少しは楽しんでいただけたのかなと思っています。

フジテレビで取材を受けたころは、普通の家族で特に何かあるわけではないのに
……と思っていましたが、取材を受けたことで、数多くの心温まるコメントや応援
メッセージをいただくようになり、**たくさんのパワーと幸せをもらって家族みんなが**
いつも励まされています。

見てくださった方が、毎回たくさんのコメントや質問を書いてくださって、それを読んでいると、多くの方が共感してくださったり応援してくださったりしていることがわかって、とっても励まされました。中には、

「漆山家を見ていると、元気が出ます」

「子育てを楽しもうと思いました」

「もう1人子どもが欲しいと思いました」

と言ってくださる方もいて、その言葉に涙が出るくらい元気をもらうことが多いです。

何年も取材をお断りしてきましたが、8年前に取材を受ける決意をして本当によかったと思える瞬間です。

どんな時も、わたしの個人的な思いは、

「子どもって最高‼」

「子どもって楽しい‼」

です。

つらい時も、たいへんな時も、頭にくる時も、すべてひっくるめて「子どもって最高‼」。

小さい時は、少しずつできることが増えていく喜びがあります。

学校に通うようになると、友達や部活など世界が広がって、新しい一面が見られる感動があります。

成長すると、大人同士として話し合い支え合う安心感があります。


だから、どんな時も「最高!!」なんです。


わたしたち夫婦の子育ては、迷いながら失敗しながら、でも笑いながら、また立ち上がって走り出す……という感じです。わたしたちがこの環境にしたので、親の経済的な理由で子どもたちの将来の選択肢を狭めてしまうことなく、子ども達がやりたいこと、進みたい道をサポートしたいと思って自分たちなりに一生懸命やってきました。

そんなわたしたちの姿が、もし、どこかの誰かの背中をそっと押すものになれたら、こんなにうれしいことはありません。


子どもはどんどん大きくなっていきます。いつか必ず巣立っていきます。

その時は、寂しさとほっとする気持ちの両方を感じるのかもしれません。

その日まで、**全力で子どもたちを愛し、全力で楽しく過ごしたい**と思っています。


この本で初めてわたしたち家族を知ってくださった方。

本を通して出会ってくださってありがとうございます。

もしどこかでお会いすることがあれば、ぜひ感想をお聞かせください。

そして、**皆さんの子育てやご家族の話も聞かせてください！**


YouTubeやテレビなどでいつも見てくださっている方。

皆さんの声に励まされて、今日もわが家は元気です！

これからも、温かく見守っていただけたら幸いです。

13人の子どもたちがどんな大人になるのか、これからが楽しみです。

どんな大人になってもいい。

周りの人にやさしく、好きなことをがんばってくれたら、それだけで十分です。

わたしのところに生まれてきてくれた13人の子たちに、せいいっぱいの感謝を込めて！

2024年8月

漆山佳月

Thank you

ブックデザイン：菊池祐
DTP：エヴリ・シンク
カバー写真：後藤利江
編集協力：佐藤恵
校正：山崎春江

漆山佳月（うるしやま　かづき）
美容師。1977年生まれ、鹿児島県出身。6男7女の15人大家族、漆山家のお母さん。フジテレビの不定期放映の密着ドキュメンタリーが人気で、YouTube「漆ちゃんfamily」は、チャンネル登録者数43万人を超える（2024年8月時点）。家事・収納・子育て・家族マネジメントが神レベルで、スーパーママと呼ばれている。

15人大家族 うるしやま家のママ流
笑顔がたえない36の家訓

2024年9月3日　初版発行
2024年10月5日　再版発行

著者／漆山佳月

発行者／山下直久

発行／株式会社KADOKAWA
〒102-8177　東京都千代田区富士見2-13-3
電話 0570-002-301（ナビダイヤル）

印刷所／TOPPANクロレ株式会社

製本所／TOPPANクロレ株式会社

●お問い合わせ
https://www.kadokawa.co.jp/（「お問い合わせ」へお進みください）
※内容によっては、お答えできない場合があります。
※サポートは日本国内のみとさせていただきます。
※Japanese text only

定価はカバーに表示してあります。

ISBN 978-4-04-606893-4　C0095